KB272892

WHY
NOT?

WHY NOT?

안 되는게 어딨어?
즐겨라 인생!

스펙트럼북스

for Tyrel

(the most interesting person I know)

(내가 아는 한 가장 재미있는 삶을 사는)
타이렐에게 바칩니다

TABLE of Contents

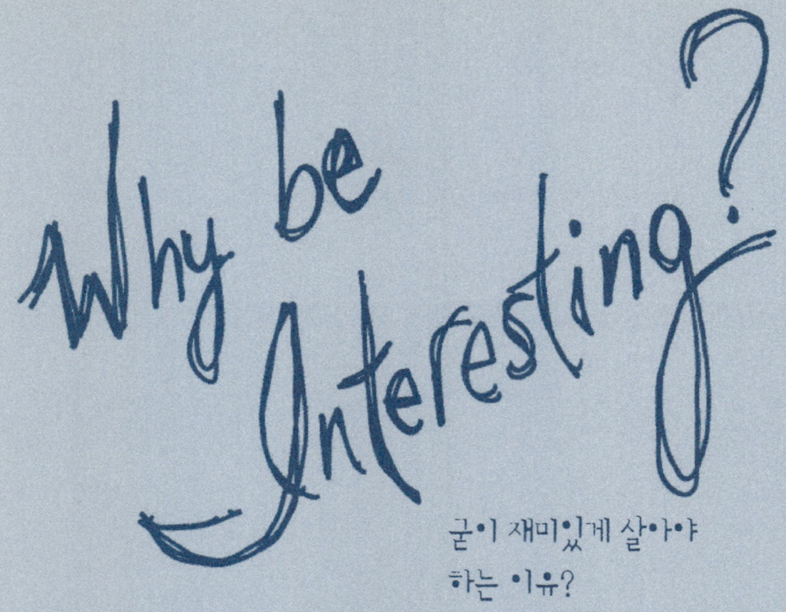

굳이 재미있게 살아야
하는 이유?

★ 후회를 최소화하려고.

★ 그래서 자기 존중하는 법을 배우려고.

 지루한 삶에서 벗어나려고.

 그래서 흠이 아닌 흔적을 남겨보려고.

 그리고 뭐니 뭐니 해도 그렇게 사는 것은 가능한 일이니까.

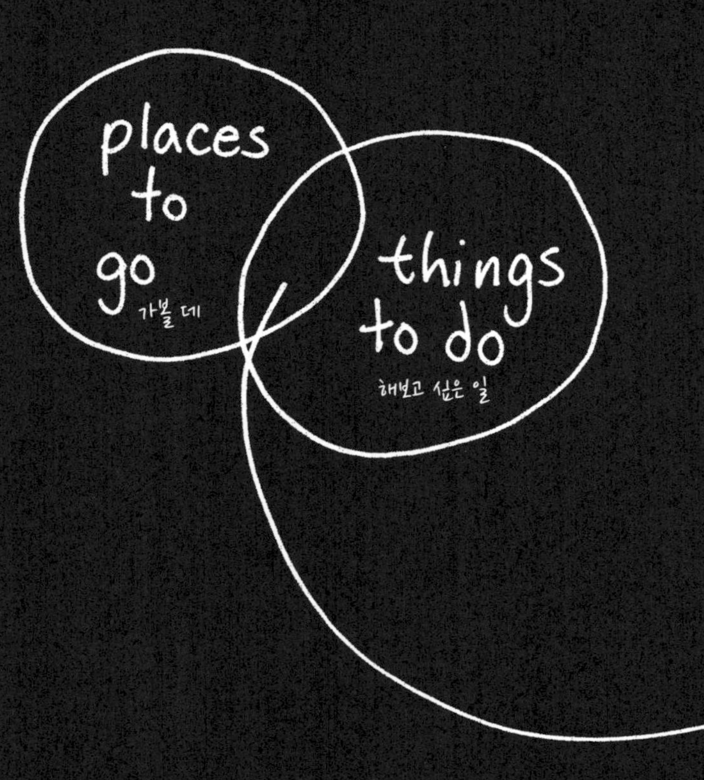

places
to
go
가볼 데
things
to do
해보고 싶은 일

Go Exploring.

탐험을 떠난다

전혀 새로운 생각과 전혀 새로운 곳, 그리고
전혀 새로운 의견에 나를 맡겨보자.

반향실* 에 들어앉아 노닥거리는 이들은 죄다
지루한 인간들뿐이다.

반향실(echo chamber, 반향실 효과) : 비슷한 생각과 의견을 가진 이들이 모여 폐쇄적인 커뮤니티를
형성함으로써 기존의 사고가 더 강화되어 균형 감각이 부족해지는 현상.

You
나
Them
그들
TALK to

Humanity
휴머니티

낯선 이들에게 말 걸기
STRANGERS.

아무도, 내가 본 그대로 보지 못했다.

아무도, 내가 가본 곳에 전부 가보지 못했다.

아무도, 내가 느끼는 그대로 느낄 수 없다.

이제, 어째서 그런지 알아볼 차례다.

ROLL the Dice.
주사위 던지기

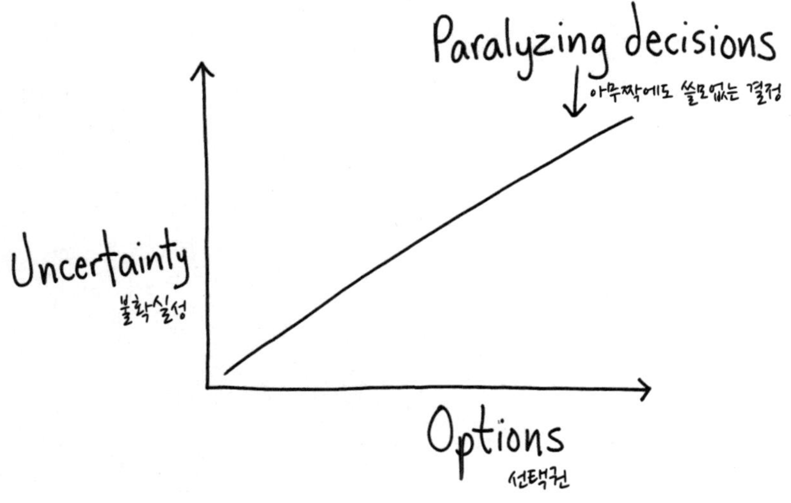

얼마나 갈 텐가? 주사위를 굴려라. 일곱 블록을 가란다.

기차를 타볼까? 주사위를 굴려 짝수가 나오면 차표를 산다.

주사위 두 개만 있으면 못 갈 곳이 없다.

시답잖은 결정에 시간 낭비할 필요도 없다.

호주머니에 주사위 두 개만 넣어두면 모든 일이

재미있어질 것이다.

UNPLUG.
전원 끄기

미지의 장소를 찾는 데 굳이 지도가 필요한 것은 아니다.

아무도 연락할 수 없는 상태가 되어보자.

그리고 길에서 만나는 이들에게 말을 걸어보자.

친구들이 SNS에 올린 글 몇 개쯤 못 보고 지나가도 큰일 나지 않는다.

오히려 나 자신을 찾는 시간으로 삼아보자.

첨단 기기는 우리를 자꾸만 익숙한 세계에 묶어두려 한다.

전원은 잠시 꺼두고 새로운 세계를 탐험하자.

Your comfort zone 나의 안전지대

Expose

Where the magic happens

마법이 시작되는 곳

Yourself.

나를 노출하기

민망함에,

조롱에,

위험에,

낯선 사건과 상황에,

엉뚱한 생각에,

나를 주눅이 들게 하는 것에,

기이한 광경과 새로운 소리에.

은근히 재미있다.

정말이다.

PLAY Devil's

How true
it is
진실의 정도

예상을 깨보는 거다. 잘못한 사람을 두둔하고 착한 사람을 의심해보자.

그러면 그동안 내가 사실이라고 굳게 믿은 것이 의견에 불과했고,

의견일 뿐이라고 여긴 것이 사실로 밝혀지는 것을 보게 될지도 모른다.

모든 사건에는 다양한 얼굴이 있기 마련. 숨은 면까지 샅샅이 드러나야

사건이 제대로 보이는 법이다.

ADVOCATE.

악마의 변호인 놀이하기

People who believe it

그 말을 믿는 사람의 수

✶ Myths, Advertisements, Political Promises
& Urban Legends

뜬소문, 광고, 선거 공약, 그리고 도시 괴담

TAKE daily VACATIONS.

날마다 휴가 즐기기

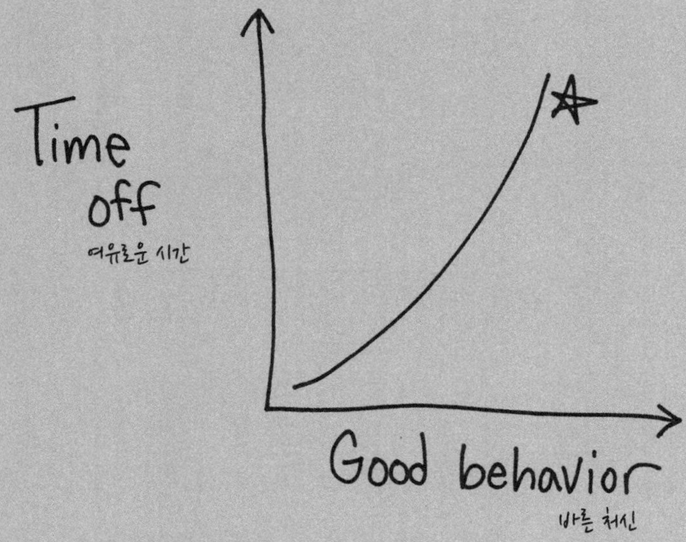

단 몇 분이라도 좋다.

태양이 첫 번째 광선을 내려보내기 시작하는 이른 새벽, 어슬렁거려보자.

이웃집 우편함까지 걸어가 보거나 동전세탁소에서 빨래를 기다리며 잡지를 읽어보자.

캄캄한 데서 하는 샤워는 또 어떤가?

뜨거운 코코아를 홀짝이며 골목길을 걸어도 좋겠다.

빼앗긴 내 여유를 돌려받는 거다.

Anthropology
인류학

Become a

Learning
학습

Eavesdropping 엿듣기

SPY
스파이 노릇하기

사람 구경하기, 엿듣기, 염탐하기,
배회하기, 귀 기울여 듣기.
그러는 사이 다른 이들이 가진 비밀코드를 배우게 될 것이다.
날마다 비밀요원이 되어 흥미진진한 임무를 수행해보자.

SAMPLE
flavors.

맛보기

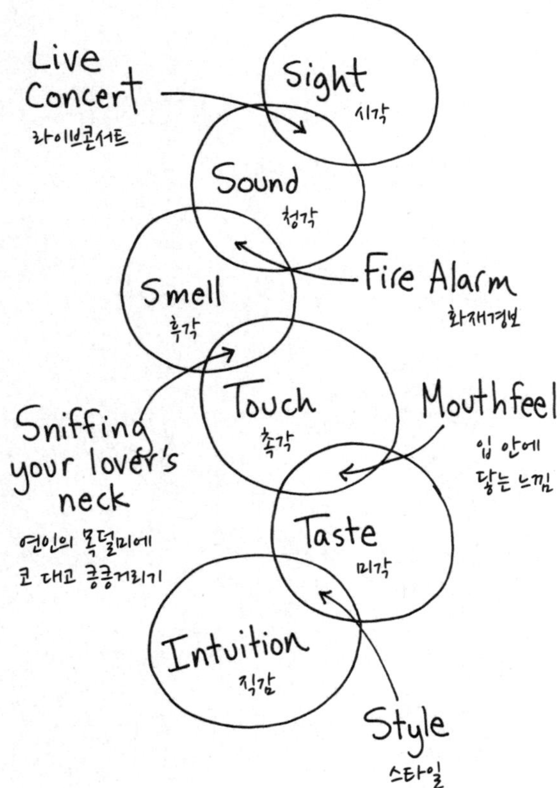

입을 벌리고 아무 말 없이 가만히 있어보자.

아침 이슬은 무슨 맛인가?

출근길의 풍미는 어떠한가?

낯선 이의 옷깃에서 풍기는 세제 냄새에 어린 시절의 향수가 피어오르지는 않는가?

왜 어느 공항이나 죄다 똑같은 냄새가 나는 걸까?

Things
done
마친 일

TWEAK the

자명종이 울리기 전에 일어난다.

빨간 불에 정차한 순간을 포착하여 시를 써본다.

번쩍이는 TV 화면을 멍하니 들여다보는 대신 밖으로 슬며시 나가

달빛에 온몸을 적셔본다.

.Satisfaction
만족

.Regret
후회

Time 들인 시간

Schedule.
일과 비틀기

밤에 일하고 낮에 논다.

시간을 쪼개어 그동안 미뤄왔던 꿈들을 하나둘씩 이루어나간다.

마음만 있다면 탐험할 시간은 얼마든 낼 수 있다.

단, 나의 결단만 있다면.

Practice Noticing

작은 일에 주목하는
연습하기

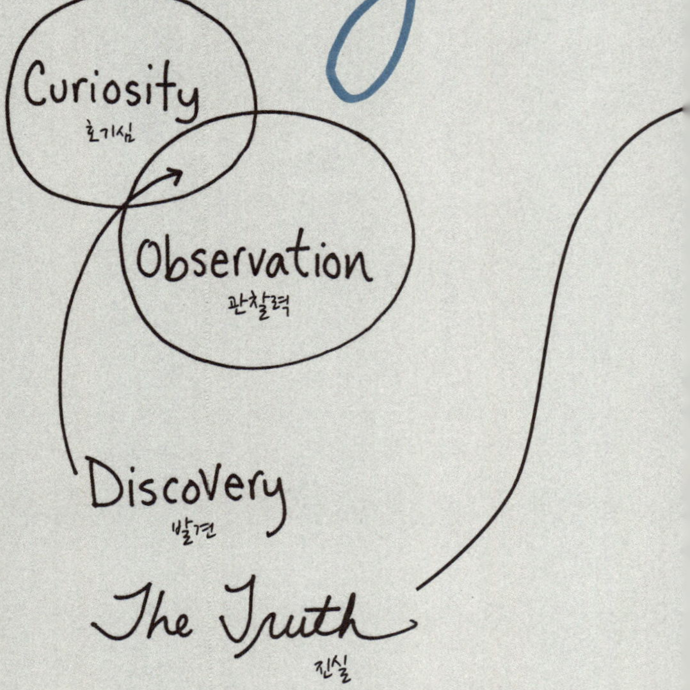

Curiosity
호기심

Observation
관찰력

Discovery
발견

The Truth
진실

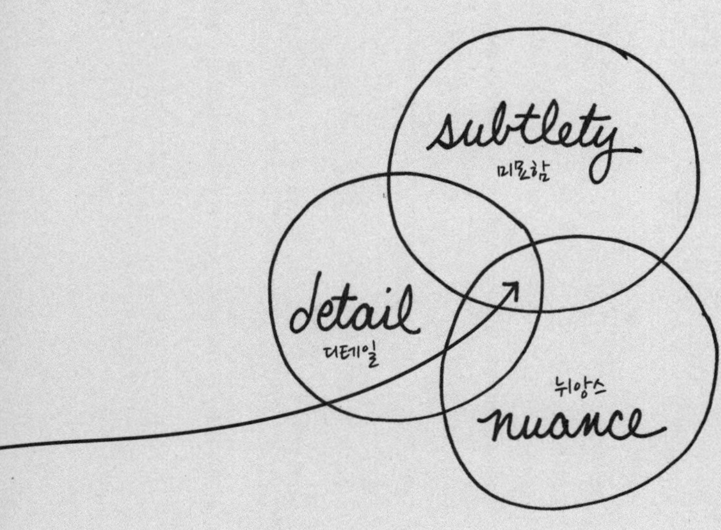

빛바랜 간판, 안대, 부서진 자물통, 반으로 찢긴 사진, 구멍 난 타이어,
조그마한 상처, 엎질러진 컵, 연인의 이름이 언급됨과 동시에 일시적으로
발생하는 침묵…. 이런 사소한 것에도 저마다의 이야기가 담겨있다.
그렇기에 모든 방에는 천 개의 사연이 담겨 있는 것이다.
그 사연들을 찾아보자.

재미난 것들을 발견할 수 있을 것이다.

Childlike NOT Childish

어린아이같이 굴지
않으면서
어린아이와 같은
마음을 유지하기

wonder 신기함

awe 경이로움

curiosity 호기심

Eroded by
many classrooms,
cubicles & reality
TV shows

학교와 직장, 그리고 '리얼리티'를 앞세
운 TV쇼에 의해 닳아 없어지는 중

두 눈을 크게 뜨자.

냉소라는 것을 배우기 전, 세상이 얼마나

아름답고 놀라웠는지를 떠올리자.

보기 좋은 것도 보고,

보기 흉한 것도 보고,

우스꽝스러운 것도 보는 거다.

심술은 그만 부리자.

더욱 감탄하자.

Keep
Asking
Why.
끓임없이 '왜?' 라고
질문하기

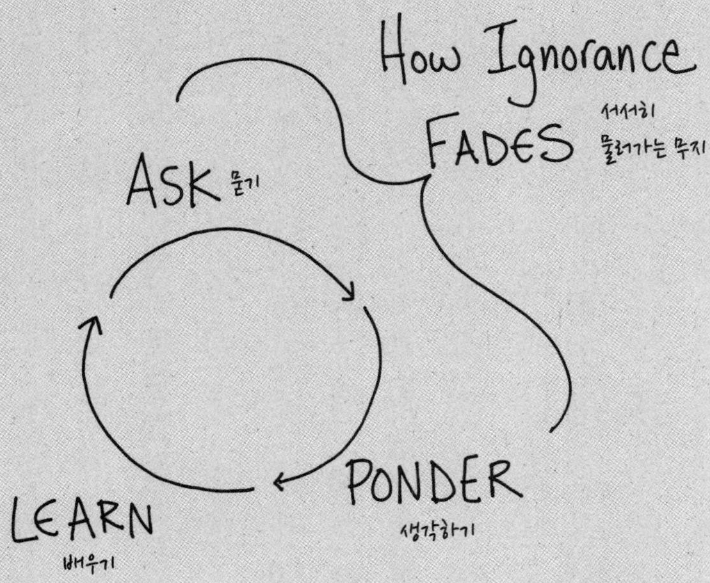

부모님들은 이러면 힘들어한다.

왜요? 왜냐하면 말이지.

왜요? 왜냐하면 말이지.

왜요? 왜냐하면 말이지.

아이들의 '왜요?'는 끝이 없다. 우리도 해보자.

단순한 '왜?'라는 한마디가 멋진 '왜냐하면'이 되어 돌아오는 속도에

깜짝 놀랄지도 모른다.

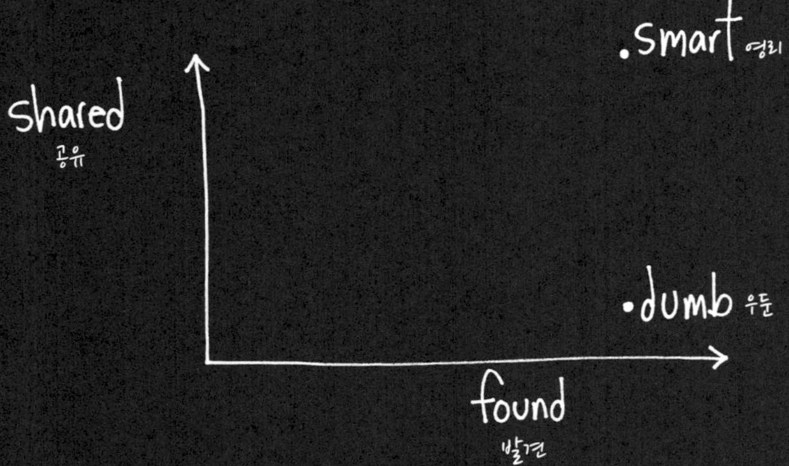
shared
공유
.smart 영리
.dumb 우둔
found
발견

Share what you Discover.

발견한 것을 공유한다

나눌 때는 흔쾌히 나눠주자.

모두가 당신처럼 탐험을 떠난 것은 아니니,

당신의 모험을 통해 대리만족을 느낄 수 있도록.

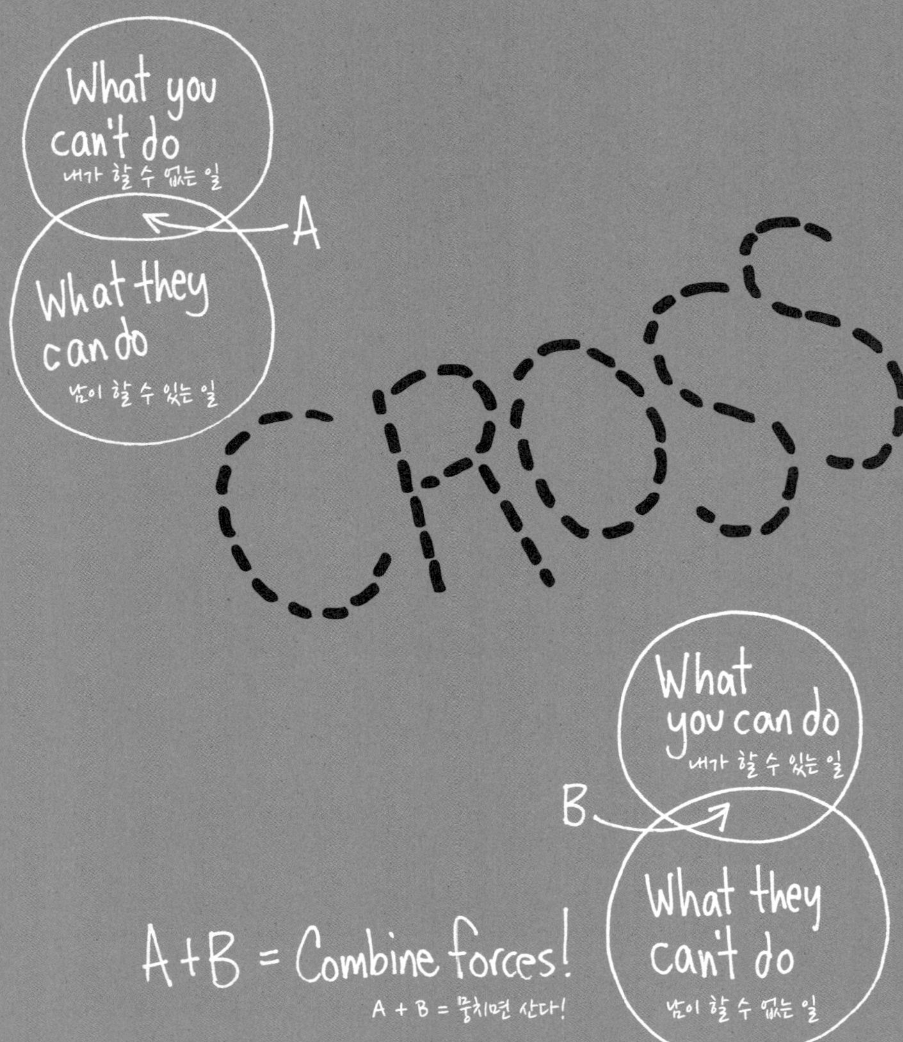

What you can't do
내가 할 수 없는 일
What they can do
남이 할 수 있는 일
A
cross
What you can do
내가 할 수 있는 일
B
What they can't do
남이 할 수 없는 일
A+B = Combine forces!
A + B = 뭉치면 산다!

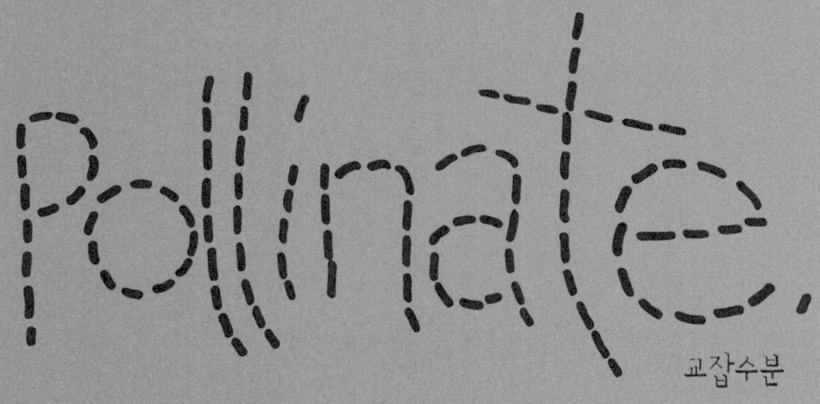

나만 할 수 있는 것이 있다.

나만의 개인기가 있고 나만의 전문 분야가 있다.

누구에게나 이런 것들이 있기 마련이다.

똑같은 이들하고만 어울리려 하지 마라.

나와는 다른 열정을 지닌 이들을 찾아라.

놀랍도록 많은 것을 경험하게 될 것이다.

INSTIGATE.
선동하기

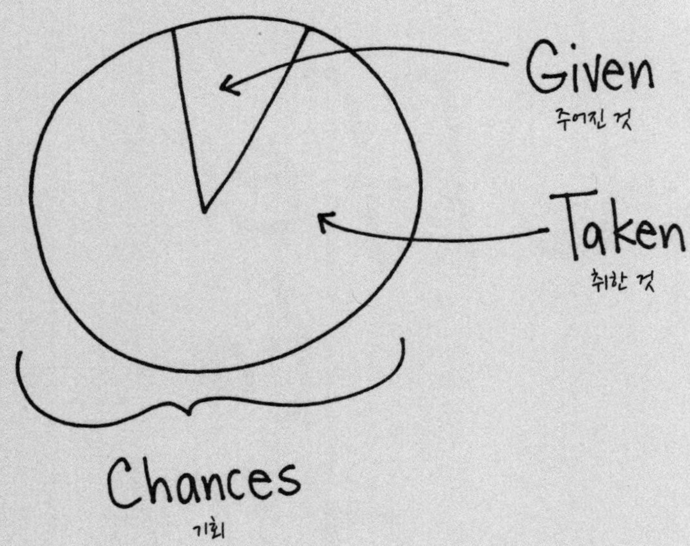

내일까지 기다리지 말자.

말하자. 행동으로 옮기자. 해치워버리자. 내가 가야 할 곳이라면 가는 거다.

누군가 불러주기만 기다리지 말자. 직접 파티를 열자.

전화기만 하염없이 바라보며 기다리지 말자. 전화기를 들어라.

다른 이들에게 널리 알리자. 전화를 걸자. 입장권을 구입하고 들어가서 공연을 즐기자.

Offer to Help.
도움의 손길 뻗기

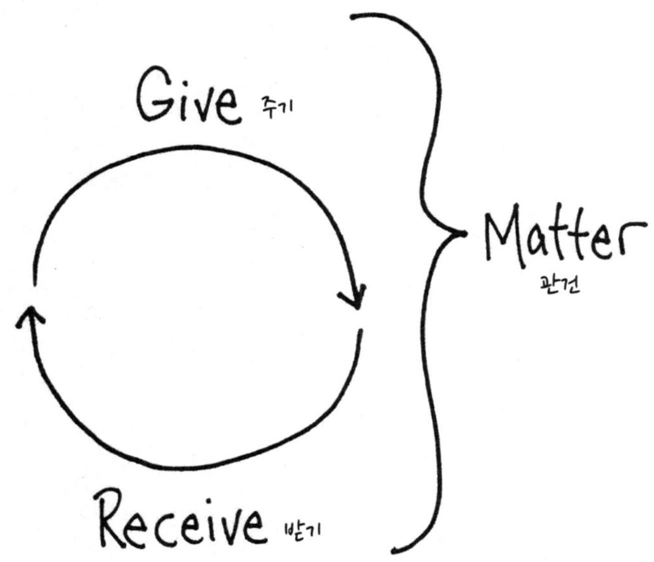

당신이 가지고 있는 것은 귀한 것이다. 그것을 필요로 하는 사람이 있나 둘러보자. 당신이 할 만한 일을 찾으면 기꺼이 돕겠노라고 사람들에게 알려라. 당신을 귀히 여기며 기억할 것이다. 그것은 시간이 될 수도 있고 재능이 될 수도 있다. 칭찬의 말 한마디라도 좋다. 붐비는 식당에서 다른 사람의 합석에 기꺼이 동의하는 것도 그런 것이다. 설탕 한 컵, 깨끗한 양말 한 켤레만으로도 가능한 일이다.

세상은 당신이 가진 것이라면 뭐든지 필요로 하니까.

what you know 내가 가진 지식
what other people know 남이 가진 지식
State the

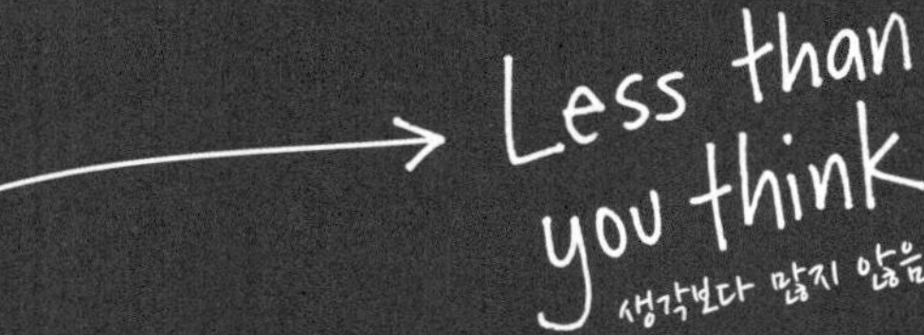

OBVIOUS.

당연한 소리

종종 내게는 당연한 것이 남에게는 미스터리일 때가 있다.

나는 오래전부터 알고 있었는데 누구에게는 전혀 새로운 정보란다.

내게는 식은 죽 먹기인 일이 누구에게는 죽어도 할 수 없는 일일 수도 있다.

어쩌면 내 머리에는 남이 한 번도 보지 못한 수많은 보화가 담겨있을지도 모른다.

이를 나누어주자.

다른 이와 나눈 생각은 결코 사라지지 않는다.

배가될 뿐.

don't

your
voice 나의 목소리

눈길을 피하지 말고 인사를 건네보자.

나의 관점을 표현하여 다른 이들에게도 알리자.

내가 한 일을 지하실에 숨겨두지 말고 창가에 두자.

대화는 서로에 대해 알아가고자 하는 작은 시도에서 시작된다.

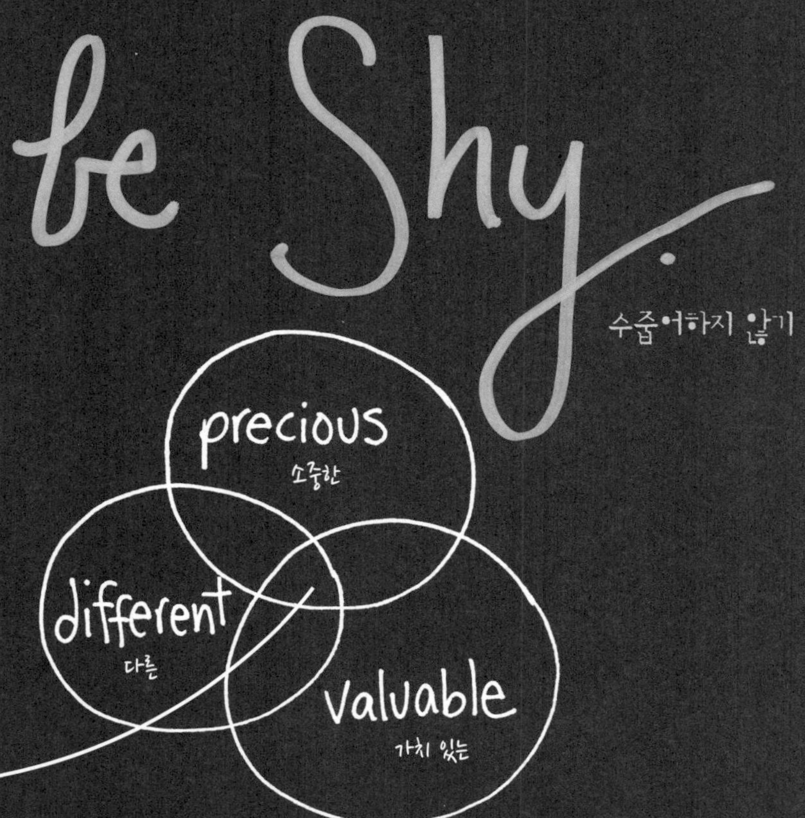

be Shy.
수줍어하지 않기
precious
소중한
different
다른
valuable
가치 있는

내가 받는 초대보다
더 많이 초대하기

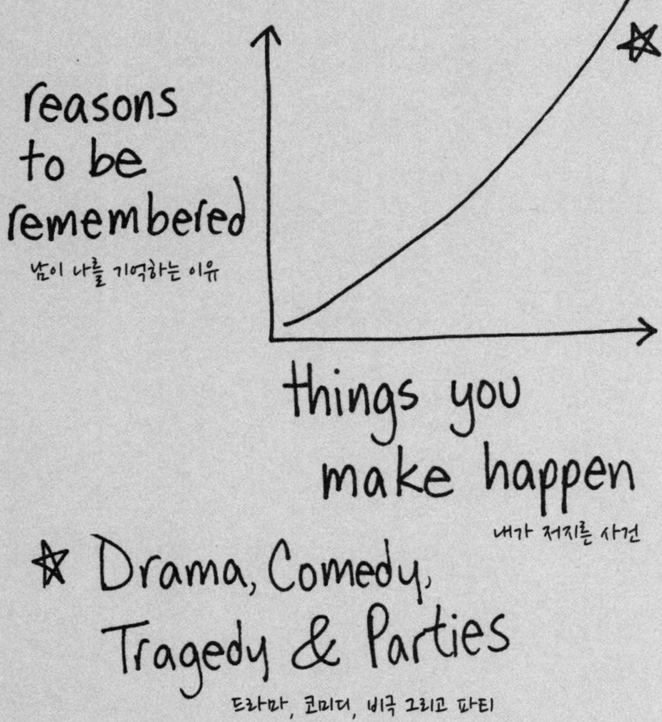

나의 세계에 다른 이들을 끌어들인다.

내가 먹고 자고 생활하는 곳에서 놀게 하는 것이다.

누군가 초대해주기만 기다리지 말자.

파티는 내가 직접 열 테니까.

초대할 사람 한 명만 있어도 뭐든지 저지를 수 있다.

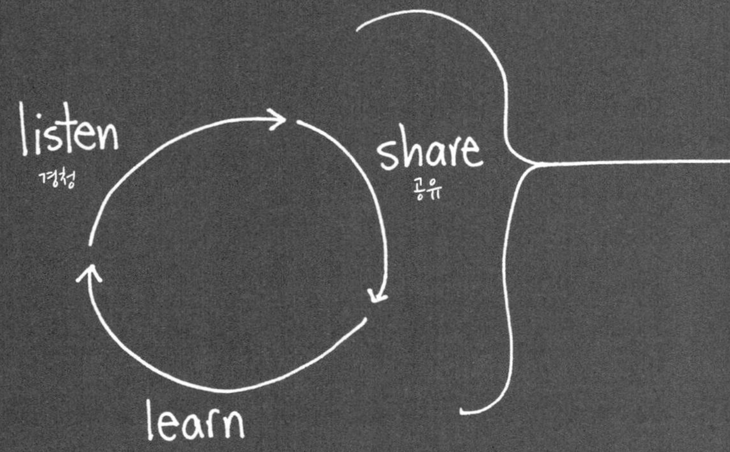

Be a link not

How News Gets Made
뉴스거리가 생기는 방법

an endpoint.

종점이 아닌 환승역 되기

그냥 말하지 마라. 그냥 듣기만 해서도 안 된다.

뭘 하든 나를 소개하고 알린다. 모르는 사람을 돕는다.

내가 알고 있는 것을 공유한다.

이렇게 하면 작은 아이디어가 눈덩이처럼 불어나 큰 사건이 된다.

공동체 전체가 의지할 버팀목이 되어주자.

COMPLIMENT

Liberally.

마음껏 칭찬하기

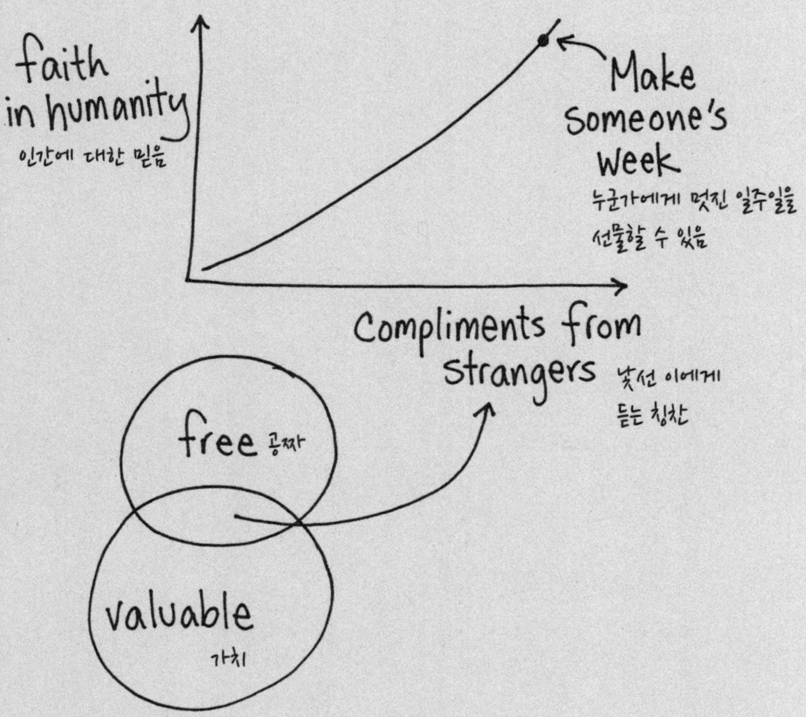

친절한 말 한마디에는 돈 한 푼 들지 않지만, 그 가치는 상당하다.

그런데 우리가 칭찬에 이토록 인색하다니 놀라울 따름이다.

칭찬할 것이 있다면 마음껏 칭찬하자. 누군가의 놀라운 업적을 찬양하자.

그것도 공개적으로, 자주.

우리는 모두 칭찬을 먹고 산다.

Good Times
즐거운 시간
New People 새로운 사람들
.A
.B
Expand
A = The Group 모임 창단
B = The Morgue 시체보관소

the group.

조직 비우기

오는 사람 막지 말자.

대문 활짝 열어놓고 기다리자.

깜짝 손님을 위해 자리를 비워두자.

전혀 기대하지 않았던 누군가가 나타날지도 모른다.

알고 보니 멋진 사람일 수도.

또 그다지 괜찮은 이가 아닐 수도 있다.

하지만 적어도 재미는 있을 것이다.

Reach Out.

내가 먼저 손 내밀기

Introduce yourself

먼저 악수 청하기

전화 한 통이면, 편지 한 통이면, 문자 한 통이면, 이메일 한 통이면,
아니면 그냥 '안녕하세요?'라는 말 한마디면,
누구에게나 다가갈 수 있다. 누구에게나.

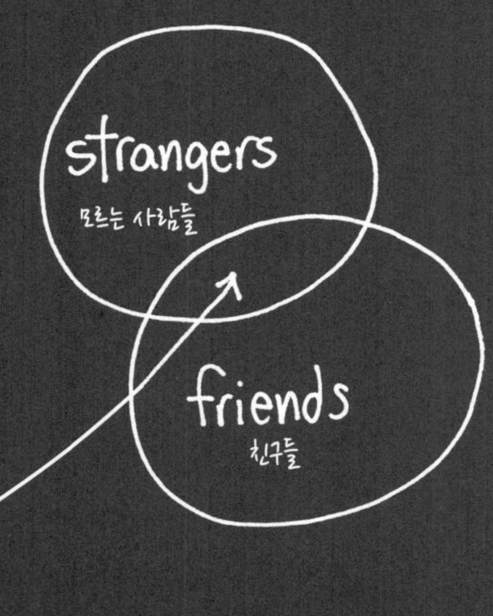

내게 영감을 주고 좋은 인상을 남긴, 그래서 내가 속으로 흠모하던 이들,
내가 사랑하는 이들, 혹은 내가 사랑하고 싶은 이들.
이들은 모두 손 내밀면 닿을 거리에 있다.

그렇게 생각하니 어쩐지 두렵고,
한편으로는 묘하게 위안이 되기도 한다. 안 그런가?

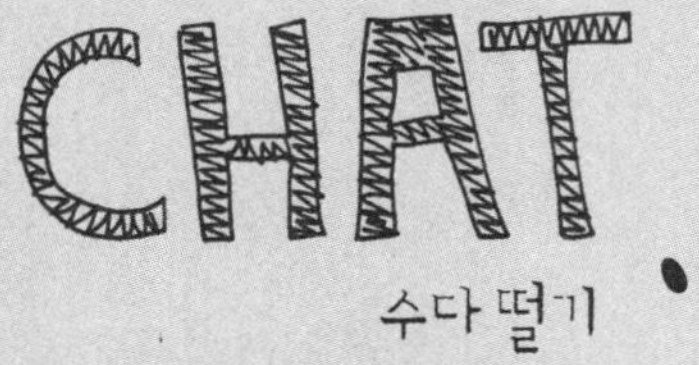

CHAT
수다 떨기

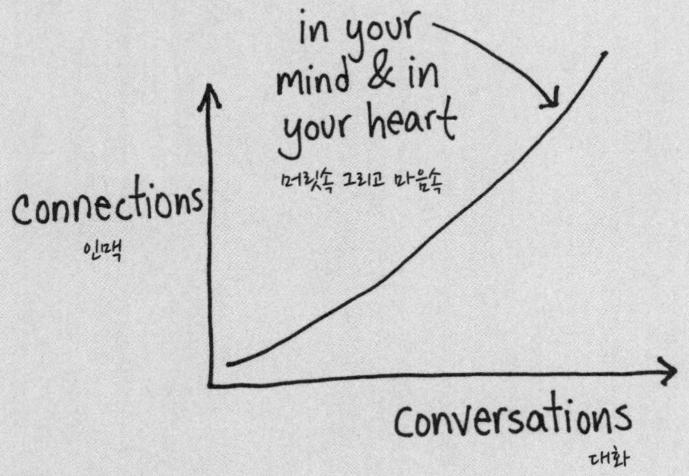

남들의 관심사는 무엇인가? 사랑? 이별? 날씨?

황홀한 이야기? 시시한 이야기?

생식기에는 어떤 별명을 붙여서 부르지?

대화라는 단순한 행위만으로도 사람들은 하나가 되고

전에는 알지 못하던 새로운 주제에 눈이 열린다.

그러니 틈날 때마다 대화의 물꼬를 틀 것.

Put your OWN

우리는 눈으로 보면 평가한다.

우리는 읽으면 사고한다.

정보를 흡수함과 동시에 이를 해석하려는 것은

인간의 본성이다.

SPIN on it.

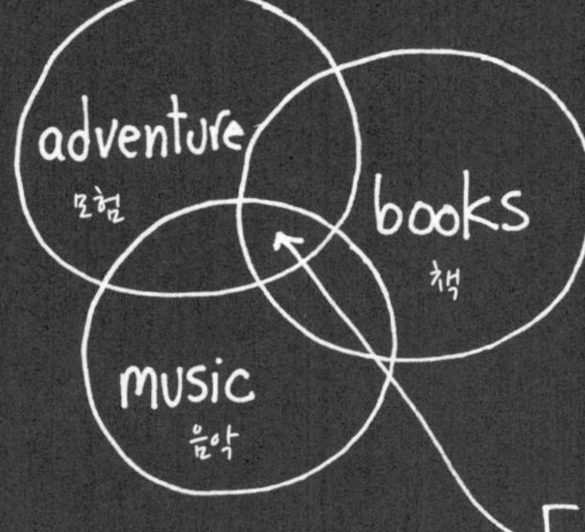

Fodder for diatribes

하지만 본래의 구조물이 튼튼해야
괜찮은 옵션을 추가할 수 있는 법.

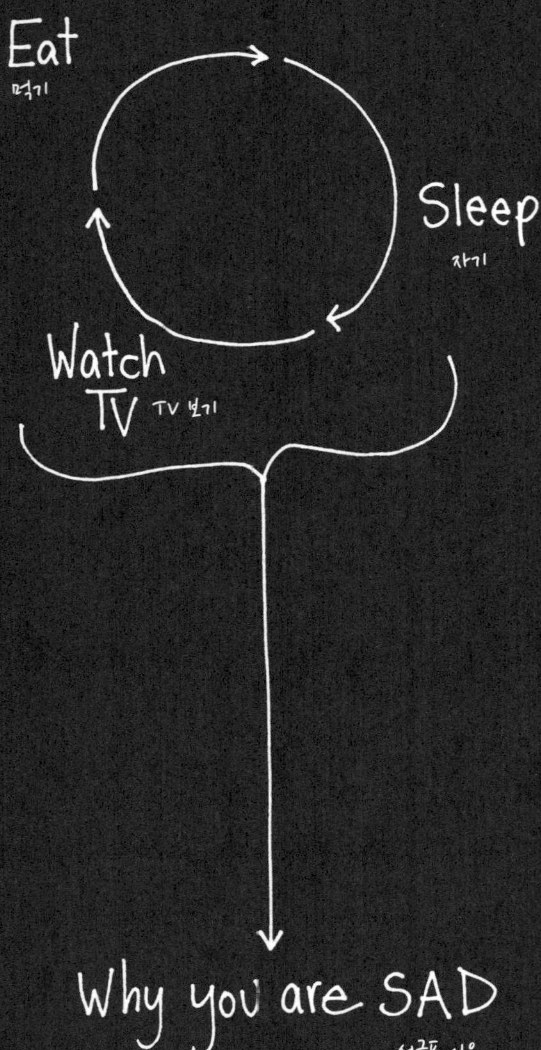

Eat
먹기
Sleep
자기
Watch
TV   TV 보기
Why you are SAD
서글픈 이유

Step 3

Do Something.
ANYTHING.

한다. 무엇이든

춤을 춘다. 떠든다. 사람을 만난다. 논다.
누군가를 돕는다. 창작을 한다.
뭘 하는가는 중요하지 않다. 일단 뭔가를 하고만 있다면.
혹시 궁금해할 것 같아 말해두는데,
앉아서 투덜거리는 것은 '무엇이든'에 해당되지 않는다.

Go

Production
Costs
제작비
•Blockbuster
블록버스터급 영화

OUTSIDE.

밖으로 나가기

.Skyline
도심의 야경

.Sunset 저녁노을

Sense of Awe
감탄사

우리의 현실은 3D다. 언제나 고화질이다.

멋진 사람들은 죄다 바깥에 있고 멋진 사건도 전부 바깥에서 일어난다.

당신이 찾는 것은 모두 바깥에 있다.

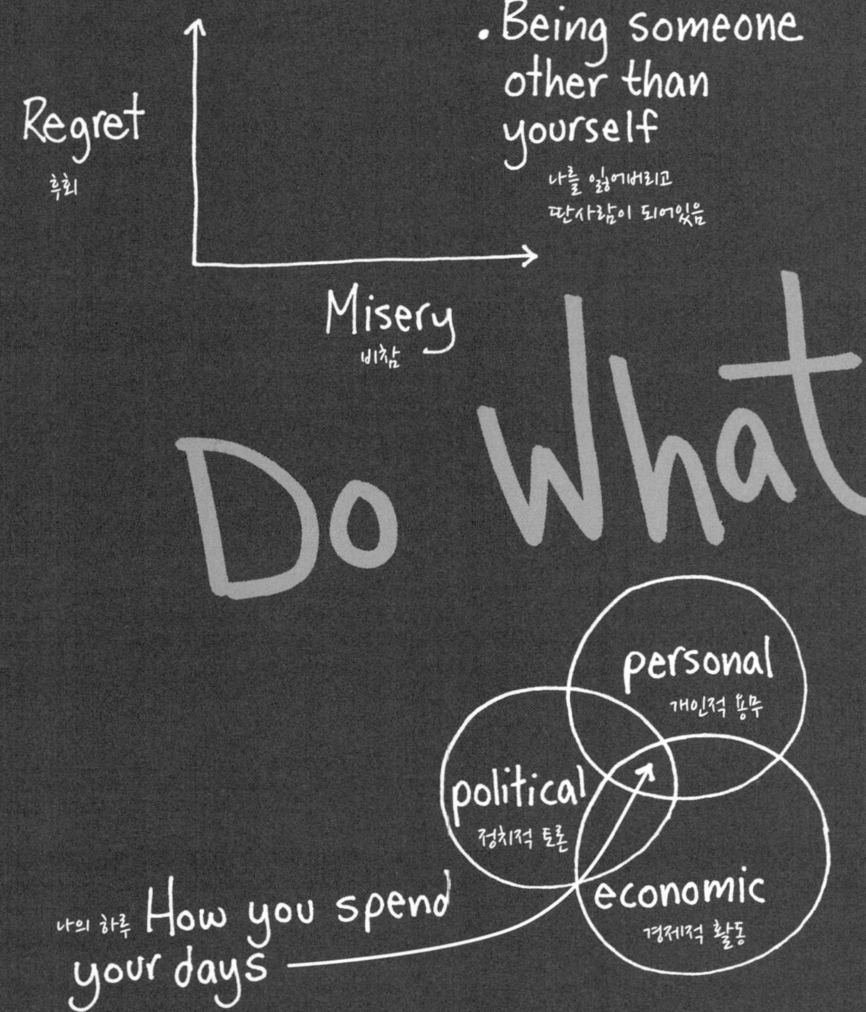
Regret
후회
Misery
비참
Being someone
other than
yourself
나를 잃어버리고
딴사람이 되어있음
Do What
personal
개인적 용무
political
정치적 토론
economic
경제적 활동
나의 하루 How you spend
your days

You want.

내가 하고 싶은 것 하기

*Yes, you

그렇다, '나' 말이다

별로 구미가 당기지 않는다면,

밥을 먹을 필요도, 데이트하러 나갈 필요도, 억지로 가입할 필요도 없다.

생각만 해도 두통을 일으키는 문제라면,

그걸 전공으로 삼을 필요도, 억지로 강의를 들을 필요도, 인생을 바칠 필요도 없다.

내게 중요한 것이 아니라면,

굳이 내가 할 필요가 없다.

내가 아닌 다른 누구에게는 중요한 일일 테니.

곧 나에게 고마워하는 나를 발견할 것이다.

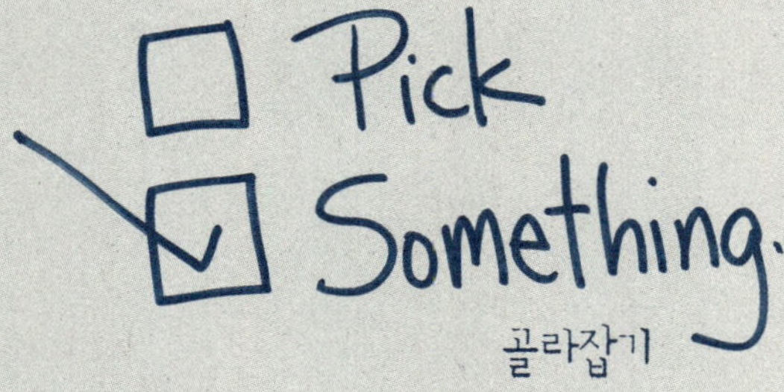
Pick
Something.
골라잡기

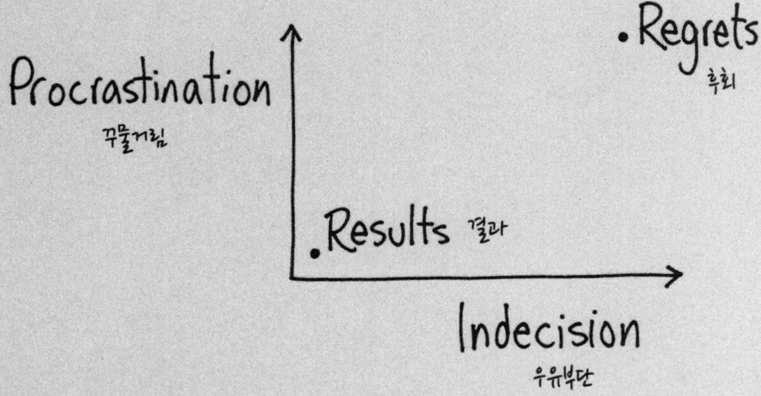

오늘 뭘 할지, 아니면 인생을 어떻게 살지,

어떤 직업을 갖는 게 좋을지 몰라 고민스러운가?

솔직히 말해서, 뭘 고를지는 그다지 중요한 것이 아니다.

아무리 철저한 계획이라도 수포로 돌아가곤 한다.

뭘 선택할지 몰라 오락가락하는 사이 우리의 인생도 떠내려간다는 사실.

동전이라도 던지고 연필이라도 굴리는 거다.

당신의 직감을 믿고 발을 떼라.

Involve

다른 사람의 도움 없이는 안 된다. 다른 사람의 조언에도
귀를 기울이자. 내 편이 필요하다.
그렇기에 내 기분과 내 계획을 다른 사람에게 알려야 한다.
당신이 지금 하고 있는 일에 다른 이들을 개입시켜라.

OtherS.

다른 사람 개입시키기

.Secrecy 극비

Fear of failure

실패에 대한 두려움

당신이 생각했던 것보다 큰 힘이 되어줄 것이다.

당신이 걱정했던 것과 달리 별 사고 없을 것이다.

SIGN UP.
가입하기

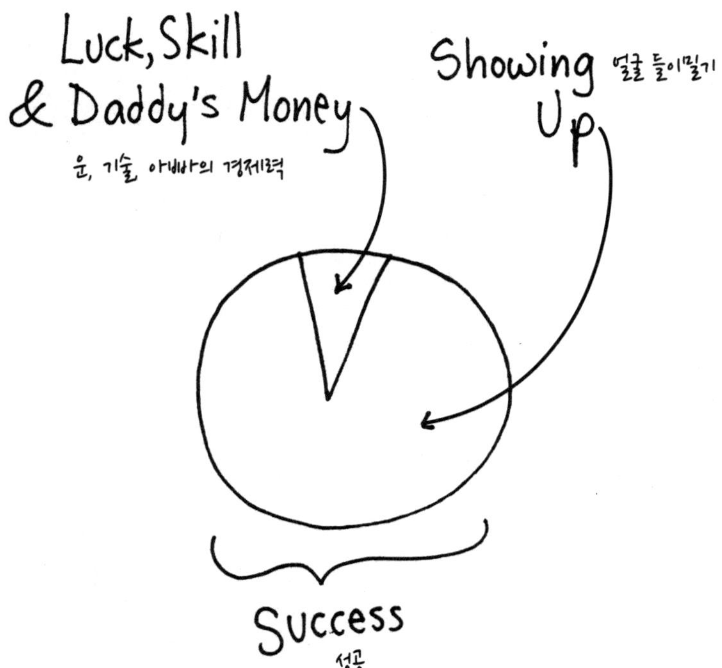

동호회에 가입하자. 강좌를 수강하자. 자원봉사를 신청하자.

파티를 열자. 모임을 만들자.

내가 하는 일이 내 모습을 결정한다.

이미 안 가본 곳 없고, 안 해본 일 없어도

내일이면 또 새로운 것에 도전하는 사람이 되자.

Earnestly
ENJOY
yourself.

열심히 즐기기

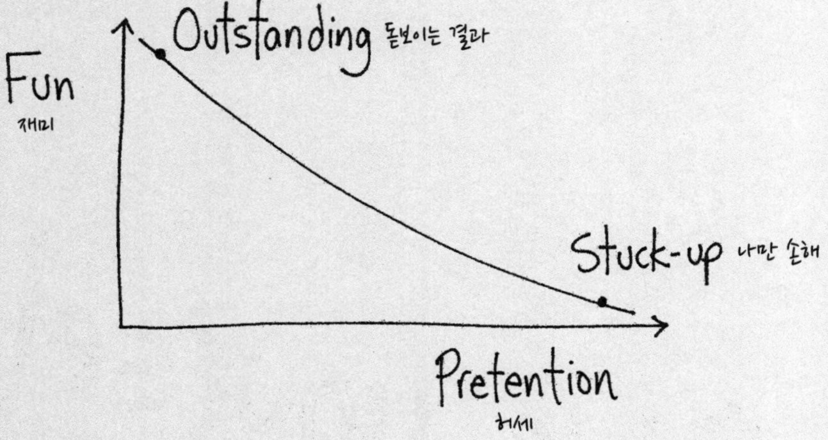

빈정거리고 비아냥대는 태도는 새로운 체험에 방해만 될 뿐이다.
허세는 내려놓자. 그러면 훨씬 여유로운 승리를 맞이할 것이다.

저급한 유행가 가사도 흥얼거리고
한물간 유행도 따라 해보자.
우스꽝스러운 표정을 지어보자.
체면과 걱정일랑 접어두고 실컷 웃는 거다.

마음껏 즐길 권리를 나에게 주자.

Give yourself

some credit

나를 믿어주기

내게는 기회를 얻을 자격이 있다.

내게는 신나게 즐길 자격이 있다.

내게는 행복할 자격이 있다.

내게는 나누어줄 재능과 호기심이 있다.

그러니 밖으로 나가자. 과감히 뛰어들자.

세상은 나를 끼워줄 것이다.

세상은 나를 필요로 한다.

정말이다.

Ditch the JUNK.
쓰레기 버리기

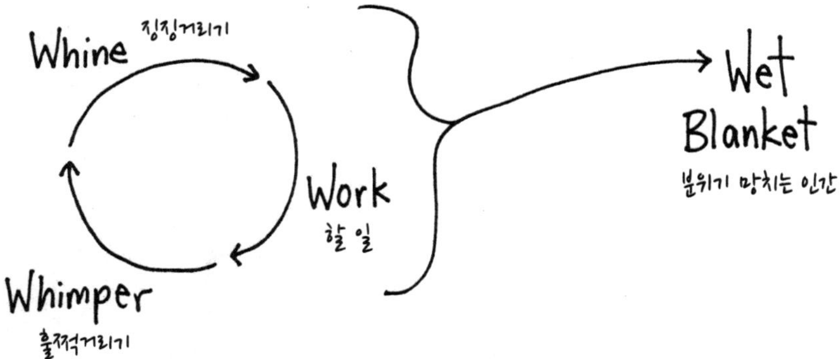

세상엔 가치 없는 활동도 있다.

내게 맡겨진 일이라고 반드시 다 해야 한다는 법도 없다.

나를 우울하게 만들고 지치게 하는 일은 피하자.

그렇지만 꼭 해야만 하는 일이라면(밀린 빨래나 세금납부 등)

얼른 해치우고 머릿속에서 밀어내버리자.

그러면 더 중요한 것을 생각할 수 있는 공간이 생길 것이다.

더 재미난 일을 꾸밀 공간 말이다.

TINKER
만지작거리기

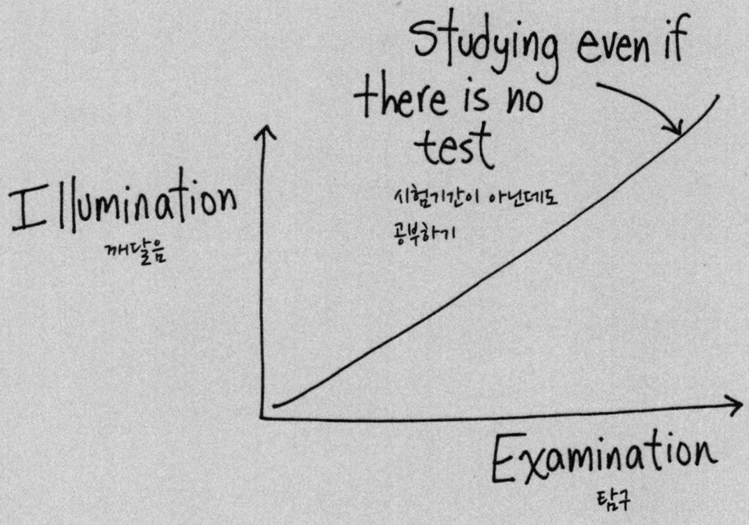

호기심에서부터 시작한다. 이 물건은 어떤 원리로 움직이는 걸까?

이 사건은 왜 일어났을까? 그런 다음 찔러보는 거다.

분해했다가 다시 조립해보자.

버튼을 눌러보자. 설정을 바꾸어보자.

분해된 조각이 어떻게 들어맞는지 살펴보자.

엔진을 움직이는 힘이 무엇인지 찾아보자.

해보자. 이러고 노는 게 얼마나 재미있는지.

Find yourself

DMV(Department of Motor Vehicle) : 미국의 차량 및
운전면허를 관리하는 차량관리국으로 이곳에서 일하는
직원들은 고압적인 태도 때문에 종종 희화화되기도 한다.

나를 웃게 하는 사람을 찾아보자.

내가 꿈꾸는 방식으로 살아가는 사람을 찾아보자.

내가 흠모할 만한 사람을 찾아보자.

비현실적인 존재가 아닌 불완전하기에 인간일 수밖에 없는 그런 사람으로 말이다.

a hero.

나의 영웅 찾기

그들에게 우리는 두 가지를 배울 수 있다.

1. 그들이 잘하는 것

2. 그들이 잘못하는 것

Defend what you Love.

내가 사랑하는 것 지키기

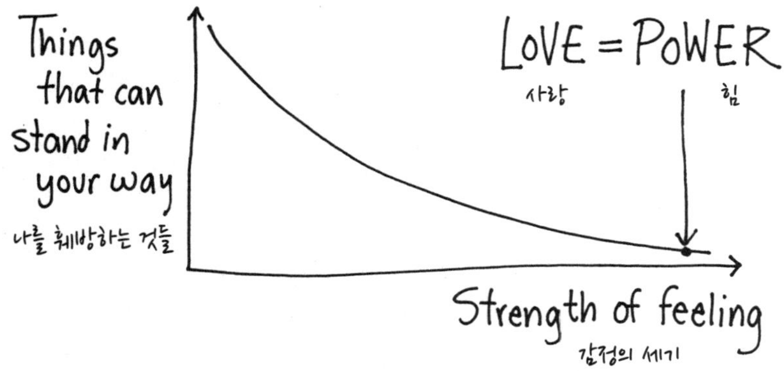

내가 아끼는 사람들과 장소, 물건들이 있다.

소중할 뿐 아니라 내게 영향력을 끼치는 중요한 이들이며 장소며 물건들이다.

싸워서 지키자.

비겁하게 내 뒤에 숨겨두고 모른척하지 말자.

사랑이 외면당하면 메말라 죽기 마련이다.

Own your territory.

영역 확보하기

뭘 하든지 즐기는 거다. 받아들이는 거다.

힘을 다하여 정복한다. 완전히 내 것으로 만든다.

이것이 자유와 안정을 동시에 만끽하며 사는 길이다.

텍사스인 : 텍사스는 미국의 남부를 대표하는 주로, 인종과 소수자에 대한 편견이 심한 주로 알려졌다

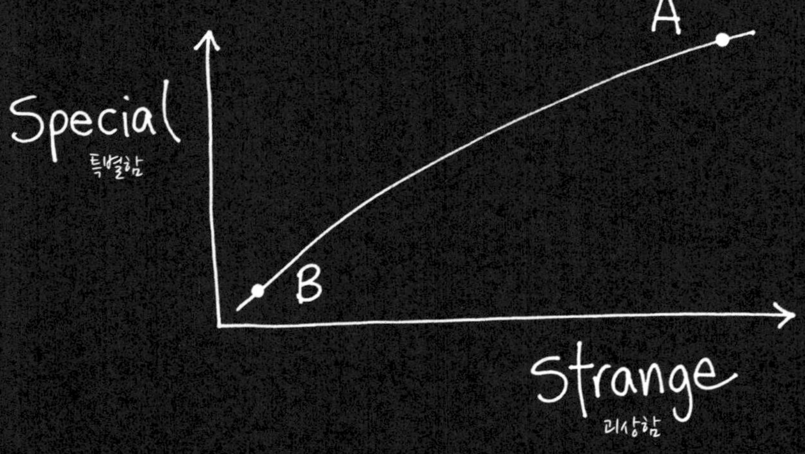

A=Well-known 이름을 떨침
B= Well-behaved 바른 생활

Step 4

Embrace your weirdness.

괴상한 나도 나다

이 세상에 완전한 정상인은 없다.
알고 보면 누구에게나 별나고 독특한 구석이 있는 법.
굳이 숨기려 들 필요 없다.
내가 재미있는 이유는 나의 그런 점 때문이니까.

ALTER
the uniform.
유니폼 벗어 던지기

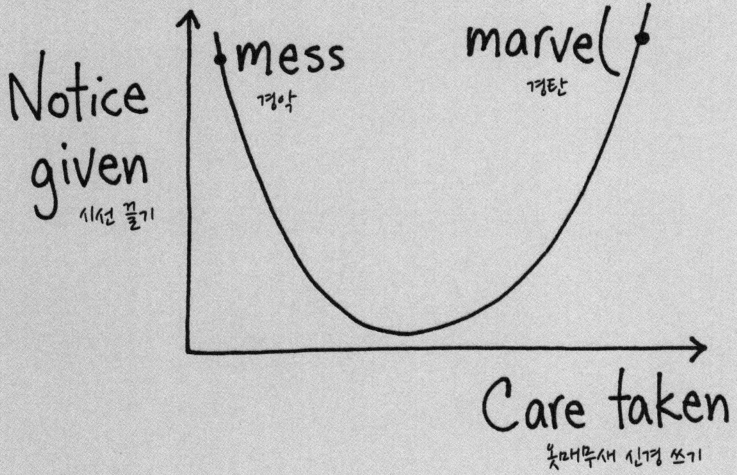

멋지게 빼입어 보자. 가벼운 차림도 해보자.

바닷가에 갈 때는 양동이를 들고 간다.

쓰고 싶으면 모자도 쓴다. 그냥 가장 나다운 방식으로 입는 거다.

마음에 꼭 드는 구두 한 켤레만 신어도 나 자신을 돌려받은 것
같을 때가 있으니.

Be yourself in PUBLIC.

남 앞에서
나를 지키기

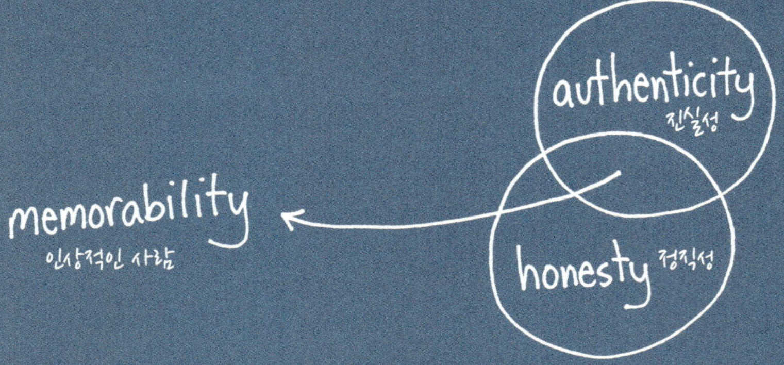

집 밖에서도 나를 잃지 말자.

직장에서도 내 페이스를 지키는 거다.

자랑스럽게 내 개성을 드러내자.

굳이 내 재능을 깎아내리거나

나만의 독특한 면을 숨길 필요 없다.

남과 다르게 보이고 싶다면 독자성을 유지해라.

남 앞에서 진짜 내 모습을 보일 수 있을 때

진정한 나로 살아갈 수 있다.

DO NOT

Difficulty breathing
호흡곤란

•Asthma
천식

Feeling free 자유 만끽

의상, 자세, 거짓 미소, 억지 조화….
전부 재미를 훼방하는 것들이다.

당신은 태생적으로 독특하다.
맞지도 않는 가면 뒤집어쓰고 숨어 살 필요 없다.

FAKE IT.

가면 벗기

- Feeling trapped

  처량한 신세

- Hazmat 위험 물질

Weight of mask

가면의 무게

Wrong
틀린 것

weird
괴상한 것

No more
apologizing.
사과는 이제 그만

Hiding
what's special

특별함이 숨은 곳

독특한 것은 죄가 아니다.

다른 것은 잘못이 아니다.

그러니 재미있어서 미안하다는 말은 그만하자.

Smile at Sneers.

비웃는 자들에게
미소 짓기

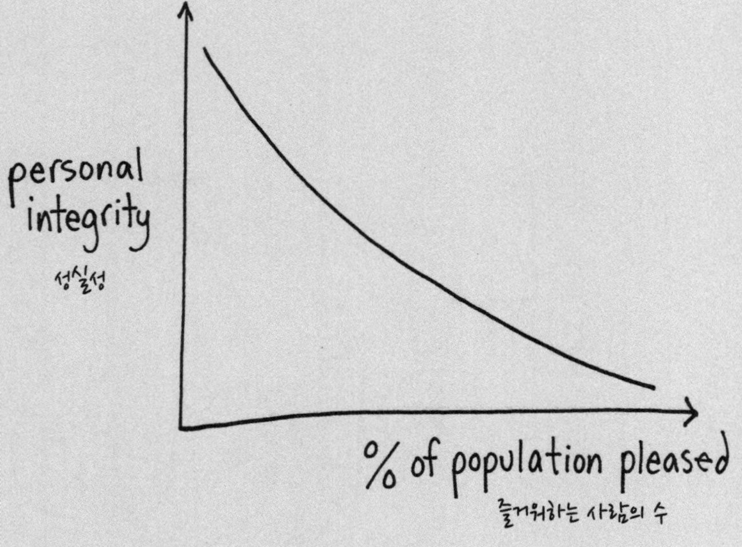

모두에게 이해받을 수는 없다.

모두에게 인정받을 수는 없다.

모두에게 허락받을 수는 없다.

그러니 모두를 만족시키자고 나를 바꾸지는 말 것.

그냥 한 번 웃어주고 가던 길 계속 가면 된다.

Stand
PROUD
자랑스러워하기

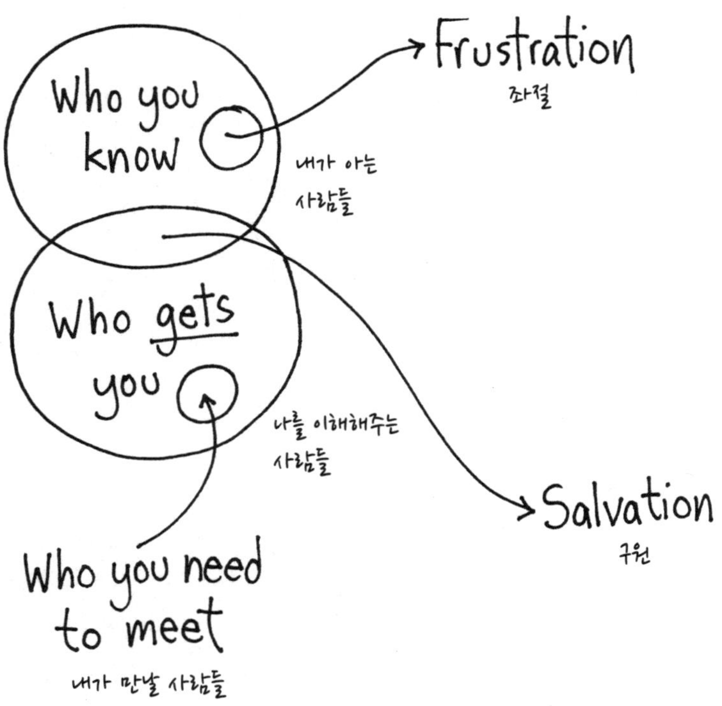

나의 괴상함은 나의 소중한 가치다.

명예로운 훈장이다. 자랑스러워해도 된다.

이 때문에 나라는 존재는 남과 구별되며

덕분에 나는 나와 비슷한 사람들이 누구인지 알 수 있다.

내가 낄 무리도 찾을 수 있다.

Question your MOTIVES.

동기 재점검하기

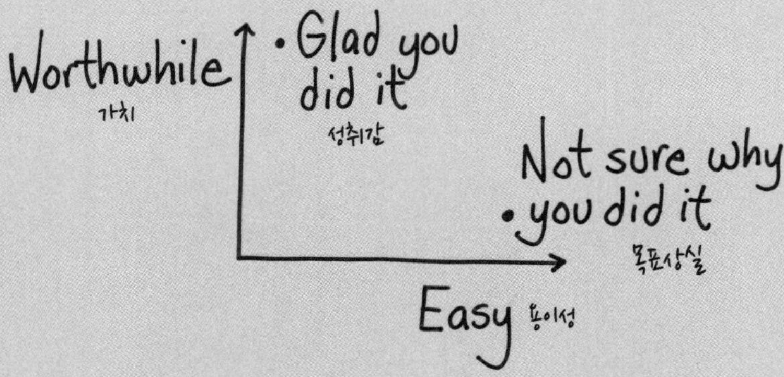

재미있는 삶을 사는 사람들은 보이는 현상보다 더 큰 것에 동기부여를 받는다.
당신은 남이 당신에게 거는 기대치에 동기부여를 받는가?
아니면 마음속 깊은 곳에서 당신을 요동치게 하는 무언가에 동기부여를 받는가?

남이 내게 정한 기대치를 넘어서는 유일한 방법은 이를 무시하는 것이다.
그 대신 내 마음이 강하게 주장하는 일을 하자.

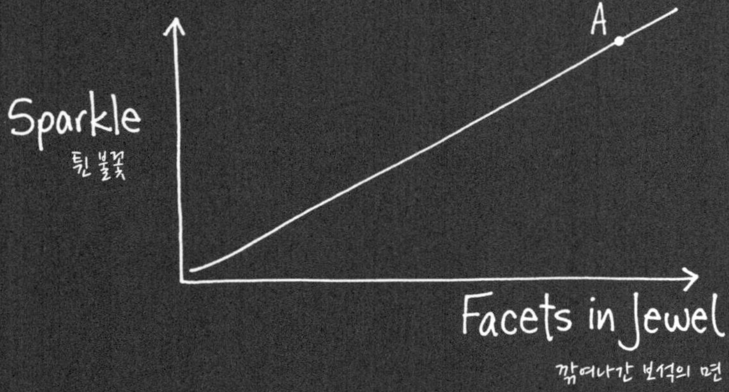
Sparkle
틘 불꽃
A
Facets in Jewel
깎여나간 보석의 면

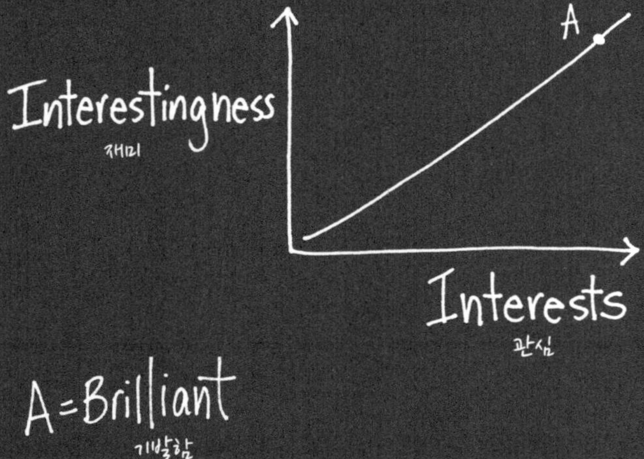
Interestingness
재미
A
Interests
관심
A=Brilliant
기발함

get SIDETRACKED.

탈선하기

두 사람 중 누구에게 더 끌리는가?

유명한 과학자? 혹은,

아무도 모르는 바닷가의 등대에서 첼로를 연주하고 목각인형을 만드는,

그리고 지나가는 배들이 비추는 불빛을 벗 삼아 시를 쓰기도 하는 유명한 과학자?

그렇다. 아무도 모르는 나만의 해괴한 충동을 따라가 보는 거다.

가끔은 탈선을 해야 제자리를 찾는 법이다.

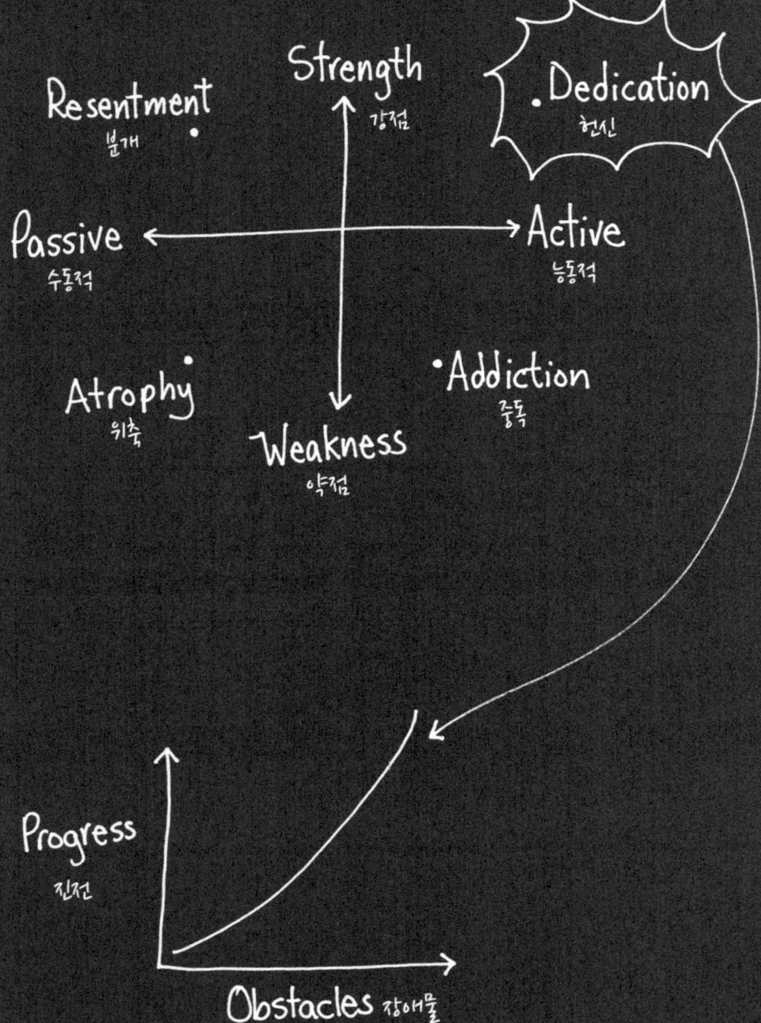

Resentment
분개
Strength
강점
Dedication
헌신
Passive
수동적
Active
능동적
Atrophy
위축
Weakness
약점
Addiction
중독
Progress
진전
Obstacles 장애물

Keep moving.

계속 가기

매일같이 나를 행복하게 만들 새로운 일을 시작한다.

과감히 모험을 시도한다. 미처 몰랐던 나의 기벽을 한 조각 더 발견해보자.

그러면 나도 모르는 새에 전혀 새로운 곳에 도달해 있을 것이다.

훨씬 더 재미있는 곳 말이다.

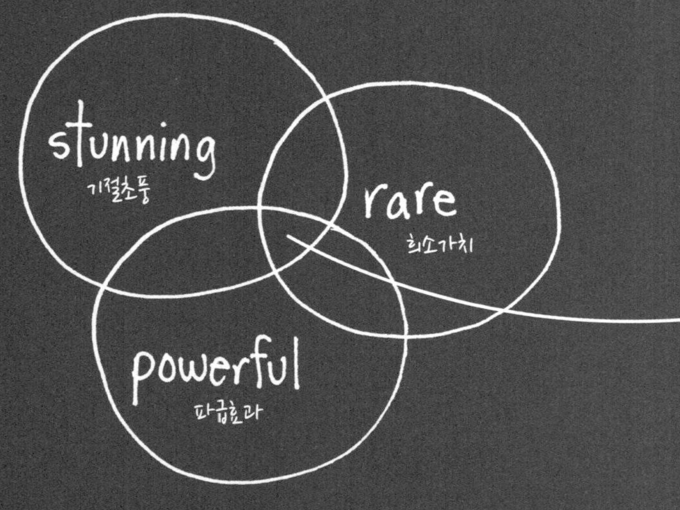

FOSTER the

타인의 독특한 점을 칭찬한다.

그들의 유별남을 지지한다.

그들의 괴상함에 투자한다.

다른 것, 이상한 것, 혹은 기막히게 유별난 것에 시간을 할애한다.

Obvious
talent
-or-
being struck
by lightning 명백한 재능, 혹은
벼락 맞을 확률

DIFFERENCES.

타인의 특별함에 관심 갖기

세상이 우리에게 요구하는 것은 오로지 순응이다.

그렇기에 숨은 기인들은 우리의 도움을 절실히 필요로 하고 있다.

CAPITALIZE on your QUIRKS.

별난 구석 자본화하기

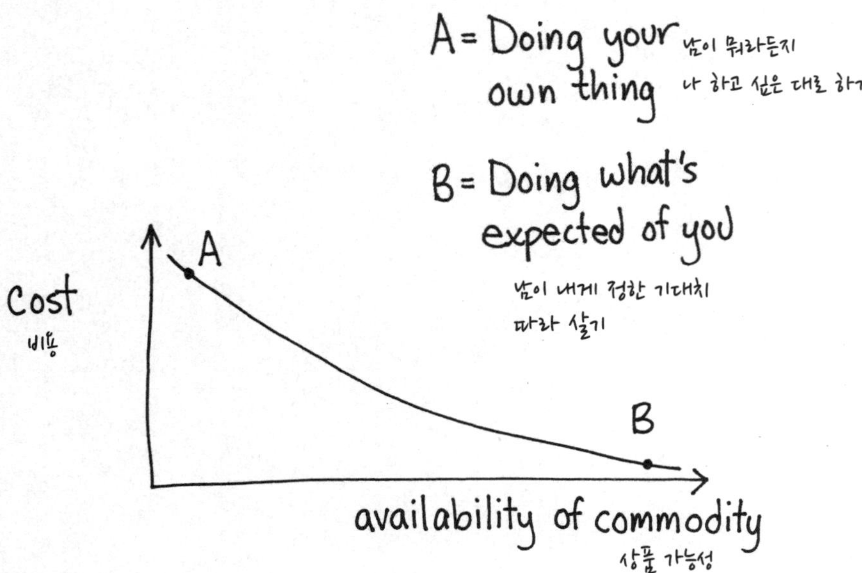

나를 재미있는 사람으로 만드는 것은 무엇인가? 그 점이 내게 가치를 부여한다.

내가 아는 것을 제대로 표현하고

내가 할 일을 제대로 하고

내가 뭘 아는지를 제대로 알기만 한다면 말이다.

대단한 틈새시장까지 필요 없다.

그저 깃발 하나 꽂을 만한 공간만 있다면.

Find your

Things
to run
from

도망치고 싶은 일들

•Fear

공포심

기껏 도망쳐서는 고작 다람쥐 쳇바퀴에 뛰어들 텐가?

이왕이면 꿈을 좇아 살아가는 이들로 가득한 서커스단에 들어가자.

CIRCUS.

나의 서커스단 찾기

.Reality

현실

.Hope

소망

Things to run toward

쫓아가고 싶은 일들

서커스단을 찾고 있다면 당신은 뭔가 신 나는 것을 찾아 달린다는 뜻이다.
제풀에 지쳐 나가떨어지는 일도 없이 말이다.

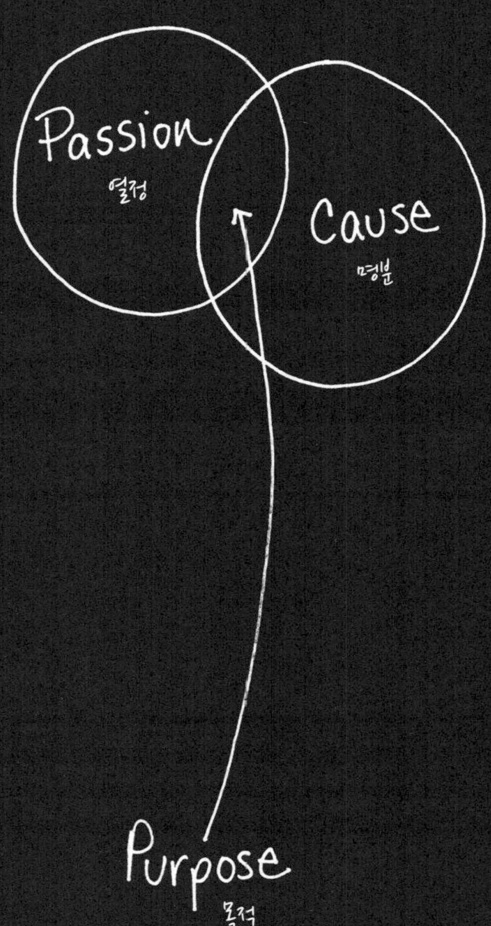

Passion
열정
Cause
명분
Purpose
목적

Have a CAUSE.

대의명분을 찾는다

당신이 아무 일에도 관심을 안 보인다면
다른 이들 역시 당신에게 눈곱만큼의 관심도
보이지 않을 것이다.

Recall what makes you CRY.

눈물 흘렸던 기억 떠올리기

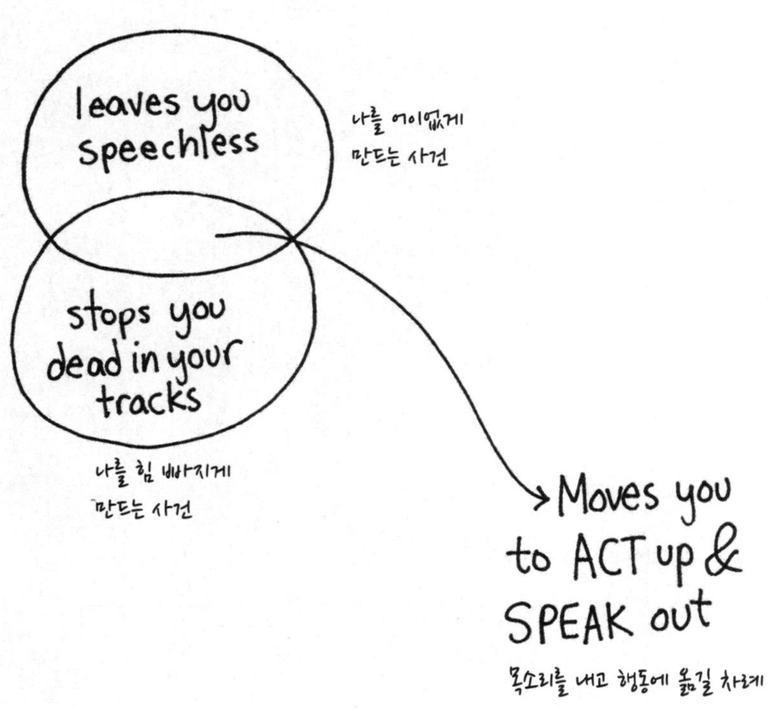

장소였을 수도 있고 사람이었을 수도 있다.
동물이었을 수도 있고 노래였을 수도 있다.
이제 그 기억 속으로 조금 더 깊이 들어가보자.

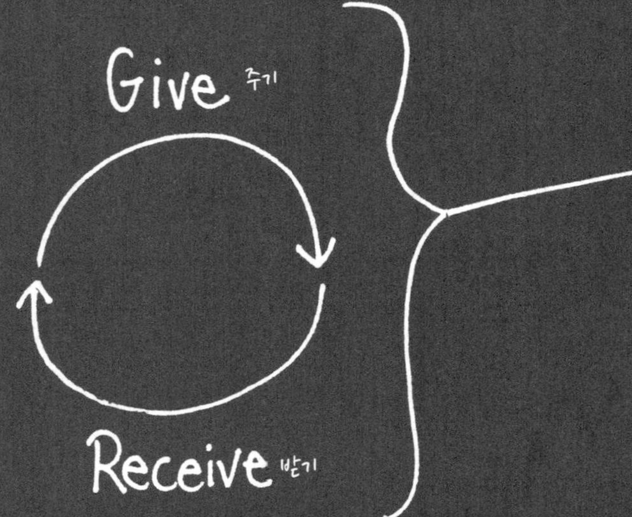

Give 주기
Receive 받기
Give

→Tax breaks for
charitable donations
&
Functional Relationships

Selfishly.

키스를 보냈더니 키스가 돌아온다면 기분 좋은 일이다.

선물 주는 기분은 정말이지 좋다.

누군가의 행복을 위한 촉매제가 된다는 것은 끝내주는 일이다.

베푸는 일은 죽도록 째지는 일이다.

Spend
money
like it's worth
Something.

가치 있게 돈 쓰기

당신의 돈을 취하는 자 누구인가?

그 돈은 어떻게 벌었는가?

그 돈이 생기기까지 어떤 사람들과 회사들이 관련되어 있는가?

그들의 정책과 운영방식 및 활동에 동의하는가?

전혀 문제없는가?

혹여나 그렇지 않다고 하더라도, 그 돈으로 변화를 가져오는 것은

당신의 선택에 달렸음을 기억하자.

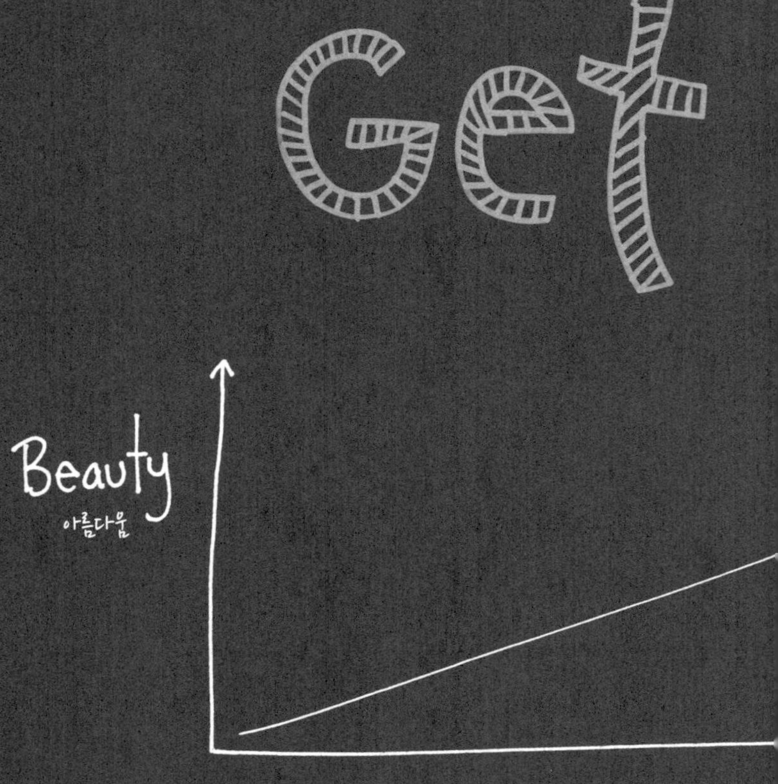

구경꾼은 아무런 뉴스도 만들어내지 않는다.

관람객은 아무런 역사도 일으키지 않는다.

무방비 상태가 되자.

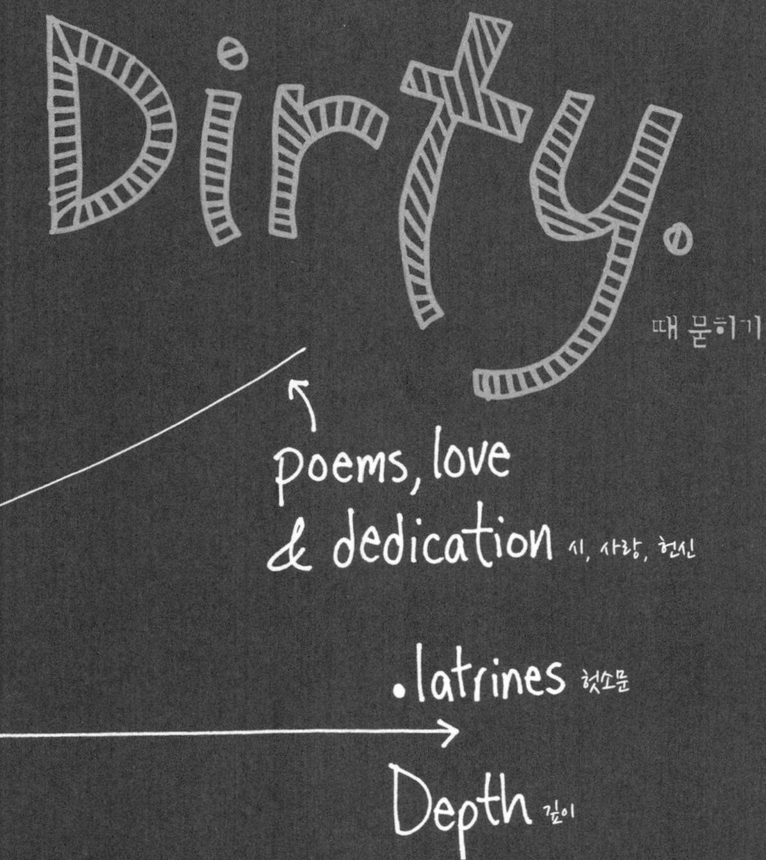

작정하고 파고들자.
중요한 사건에 관여하고 싶다면,
흙먼지 묻히기를 주저하지 말자.

SpeAk UP.

목소리 내기

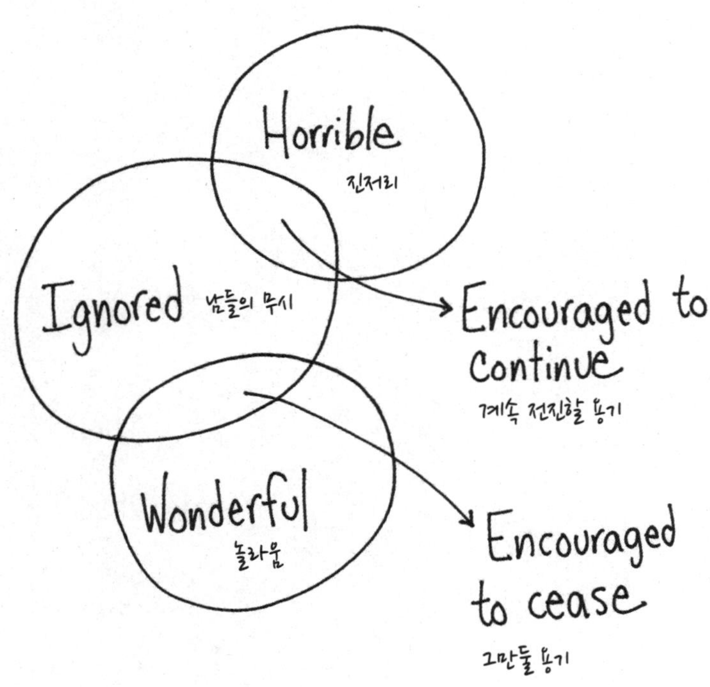

뛰어난 이들을 소리 높여 칭찬한다.

형편없는 이들을 꾸짖는다.

사람들이 두려워서 입을 떼지 못하는 것을 소리 내어 말해보자.

그리고 토론을 계속한다.

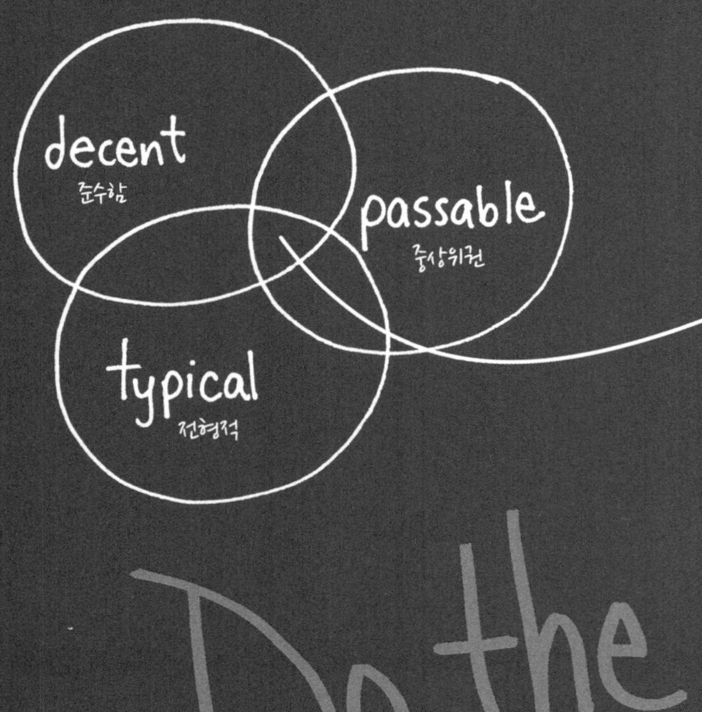
decent
준수함
passable
중상위권
typical
전형적
Do the

No one writes
songs about this

이런 소재로 노랫말을 만드는
사람은 없다.

best good.

언제나 최선을 택하자

스스로 묻는다 : 이것이 과연 최선인가?

그런 다음 또 묻는다 : 어떤 면에서 최선인가?

그리고 이 문제를 해결하는 데 우리의 시간을 투자하자.

Risk ORDINARY for GREAT.

위대함을 위하여
평범함을 희생하기

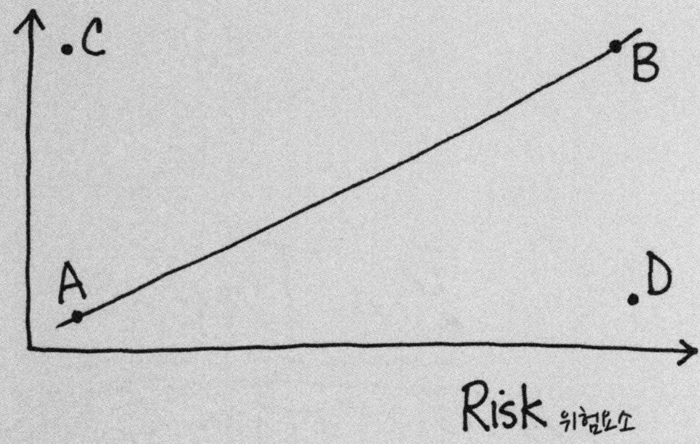

A= Boredom 지루

B = A biography worth reading 읽을 만한 자서전

C = Ponzi scheme sales pitch 사기성 다분한 판매전략

D = Danger 위험

'괜찮다' 이상의 기분으로 살자. '나쁘지 않다' 이상으로 일하자.

감탄을 끌어내는 것은 결코 쉬운 것이 아니다.

그렇기에 그곳에 도달하는 사람이 적은 것이다.

평범함을 희생하는 것이 특별함에 도달하는 유일한 길이다.

영웅 되기

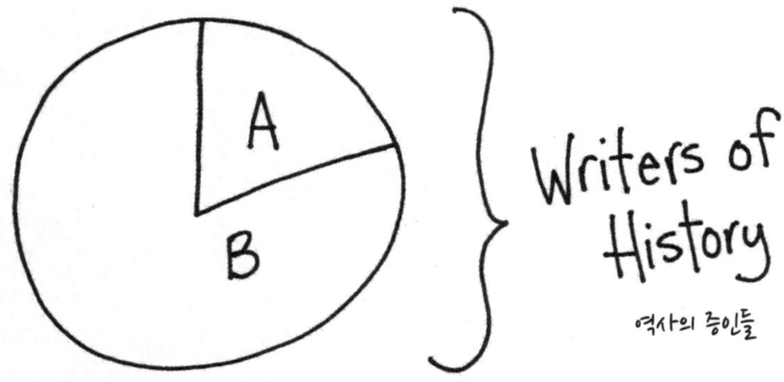

당신은 주인공이다. 동시에 당신의 인생 이야기를 쓰는 작가다.

완벽한 주인공? 그런 사람은 없다.

하지만 빨려 들어갈 정도로 흥미진진한 이야기라면?

누구에게나 가능한 일이다.

내 마음이 주도하여 소설의 구성을 이끌어가기만 한다면.

이왕 사는 거 시대를 뛰어넘는 고전이 될 이야기의 주인공이 되자.

ANyTHING
is better
THAN NOTHING.

•아무것도 •아닌 것보다
못한 것은 없다

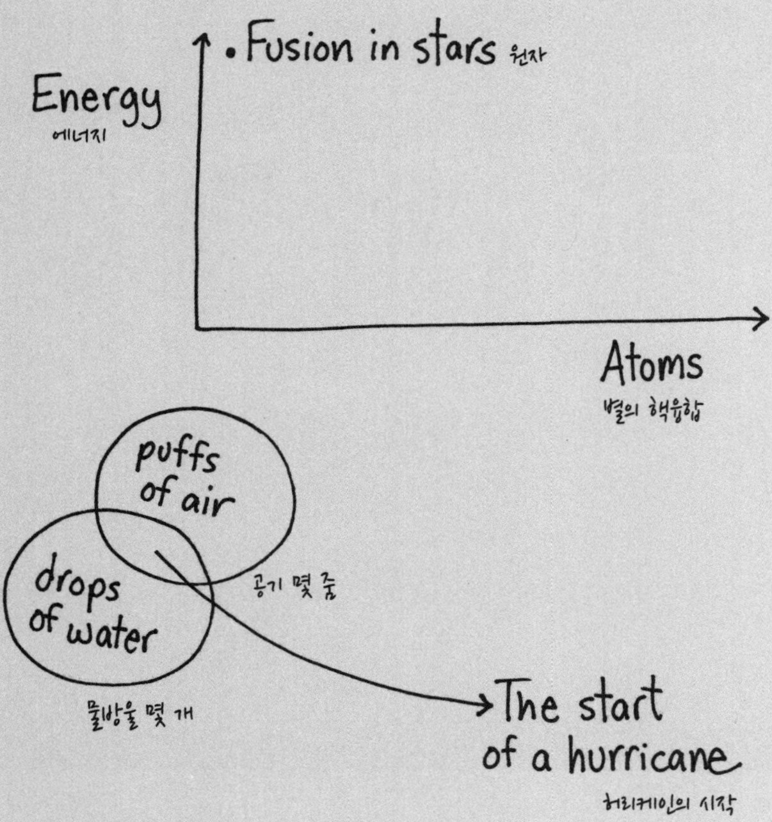

행동으로 옮기자.

아무리 작은 행동이라도 말이다.

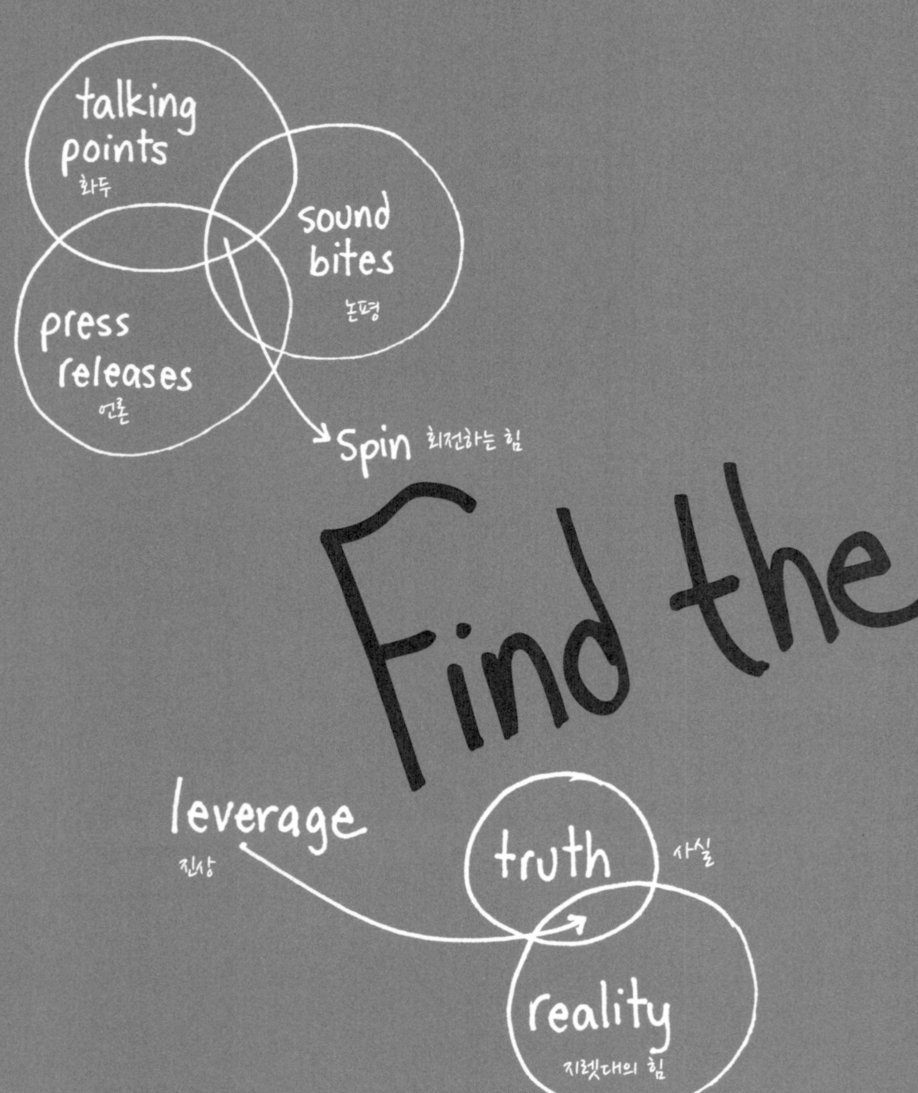

talking points
화두
sound bites
논평
press releases
언론
Spin 회전하는 힘
Find the
leverage
진상
truth 사실
reality
지렛대의 힘

fulcrum.

받침점 찾기

명백해 보이는 사실 아래,

겉으로 드러나는 표면 뒤에,

그럴싸한 변명과 허울 밑에,

문제의 핵심이 놓여 있다.

바로 그 지점에서부터 시작하자.

지렛대를 적절히 이용하면 많은 일을 해결할 수 있다.

PUT IT ALL

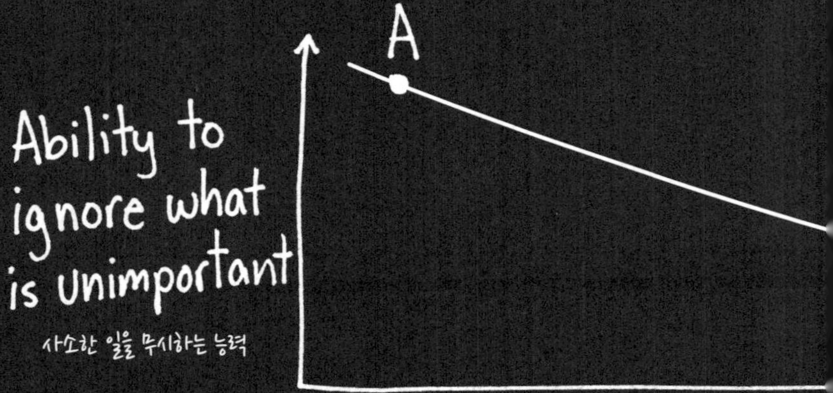

모든 일이 정돈되는 지점

A = Everything makes sense

B = Everything stresses you out

내가 지쳐 나가떨어지는 지점

IN ORDER.

모든 일의 순서 정하기

중요한 것에 우선순위를 두자.
그러면 나머지는 알아서 제자리를 찾을 것이다.

Set tables & Examples.

상차리기 그리고

본보기 되기

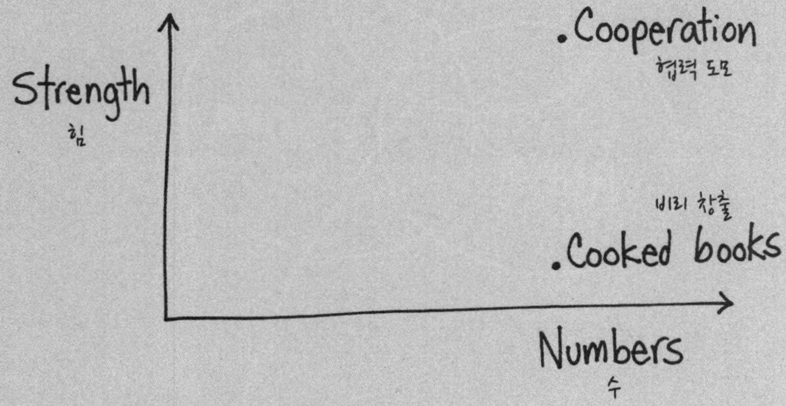

도울 사람들을 최대한 많이 불러 모은다.

내가 가진 에너지를 나눈다.

내가 가진 아이디어를 나눈다.

내가 찾은 명분을 나눈다.

팁 : 달콤한 케이크를 많이 준비할 것.

케이크 싫어할 사람은 없을 테니.

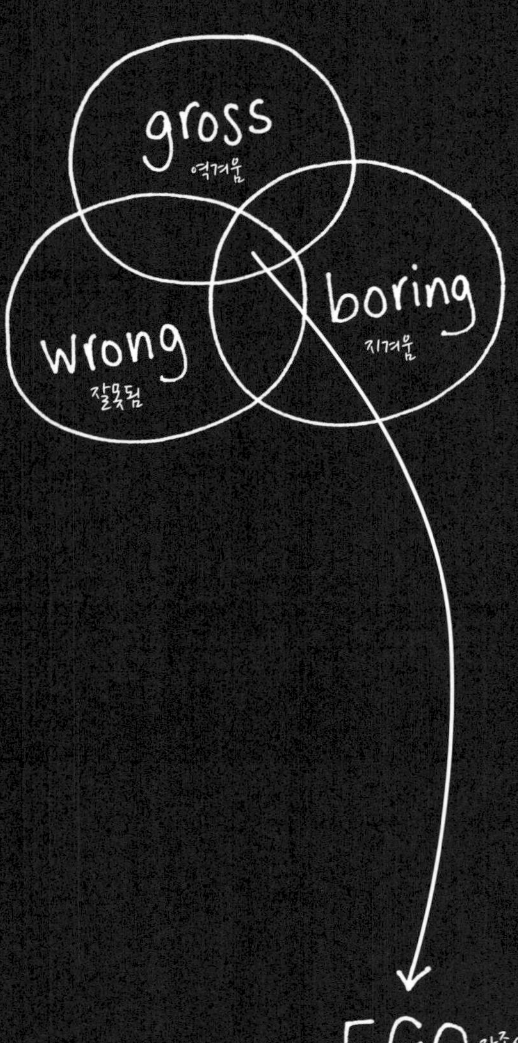

gross
역겨움
wrong
잘못됨
boring
지겨움
EGO 자존심

Minimize the Swagger.

허세를 최소화한다

자존심 부리는 것은 아이디어 구상에 방해만 될 뿐이다.

당신의 자만심이 당신이 가진 능력을 넘어섰다면

이미 사람들이 당신을 슬슬 피하는 단계에 들어섰다는 뜻이다.

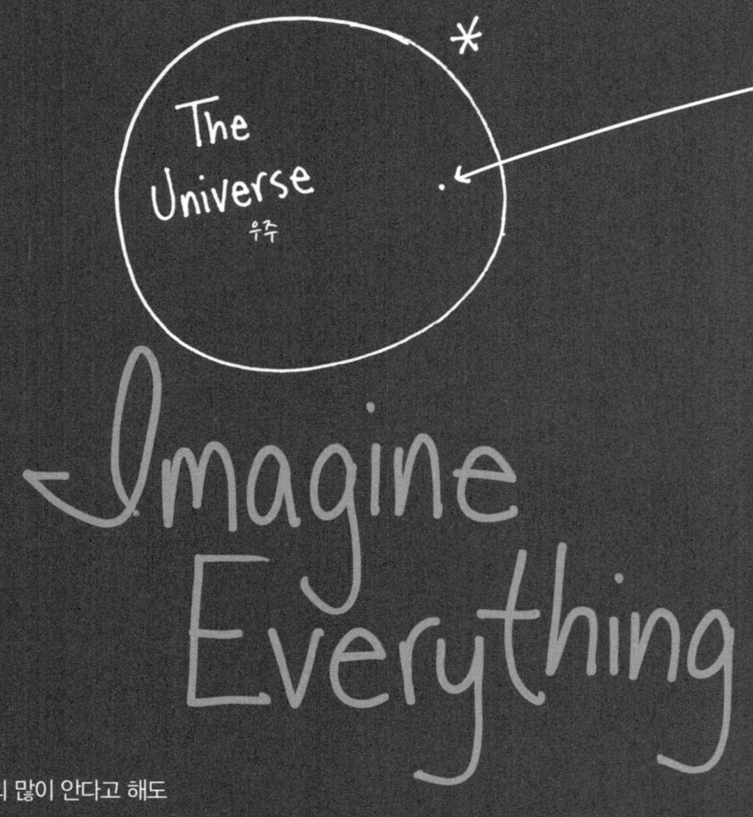

우리가 아무리 많이 안다고 해도

우리의 지식은 결국 거대한 지식의 소용돌이 속에서

현미경으로 들여다봐도 보이지 않는 미세한 점 하나도 찍지 못하는 수준의 것이다.

이 초라한 진실이 도리어 위안이 되길.

All human
knowledge 전 인류의 지식

*Not to scale – I'd need a circle the
size of the solar system to be even
close to accurate. 이 그림은 일정한 비율로 그리지 않음 – 비율에 맞춰서
정확히 그리려면 엄청나게 큰 원을 그려야 하므로

You do NOT
know. 내가 모르는 지식
상상해보기

입 밖으로 내뱉은 말과 생략된 말을.

말과 말 사이에 담긴 메시지를.

Listen. 닥치고 듣기

.Listening
듣기

→

Understanding 이해

목소리에 담긴 톤을.

빈정대는 말과 존중이 담긴 말을.

의사소통은 우리가 주고받는 말 이상의 것이다.

Drop the
Titles
계급장 떼기

왕, 왕비,

의사, 변호사,

교황, 시장, 생선장수,

창녀, 도서관 사서….

문제는 직함이 아니다.

문제는 그 직함을 달고 있는 사람이다.

Not everyone
WANTs
what you
HAVE.

세상 사람 모두가 내가 가진 것을
부러워하는 것은 아니다

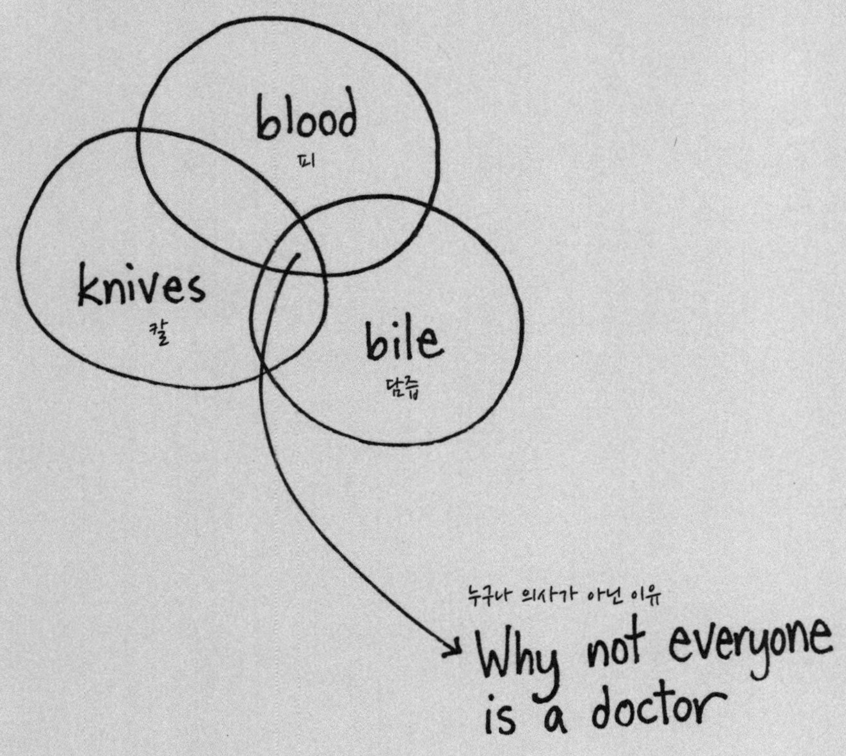

내게는 최고의 업적이지만 다른 이에게는 끔찍한 악몽일 수 있다.

내 눈에 아무리 대단해 보여도 말이다.

내게는 가장 소중한 것이 다른 이에는 역겨운 쓰레기에 불과할 수 있다.

잘난 척하기에 앞서 이 점을 항상 유의하자.

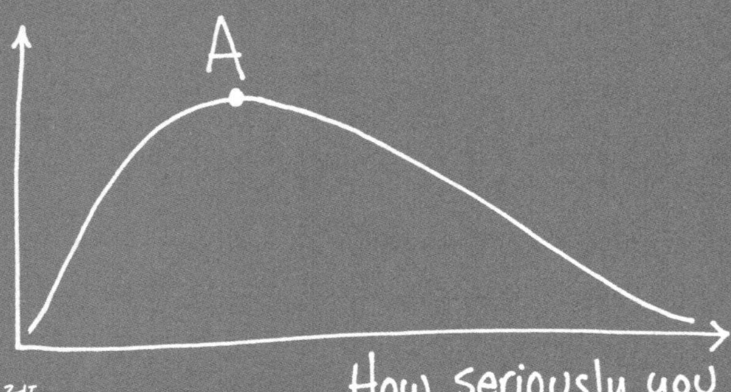

Imagine your

A = Not a clown & not a snot

광대도 아니고 비호감도 아닌 지점

own caricature.

나의 캐리커처 그리기

나의 코, 나의 걸음걸이,

나의 헤어스타일, 나의 치아,

나의 집, 나의 학교,

나의 이름···.

곰곰이 생각해보면, 참으로 우습기 짝이 없는 것들이다.

그러니 자신을 너무 진지한 눈으로 바라보지는 말 것.

Ask more

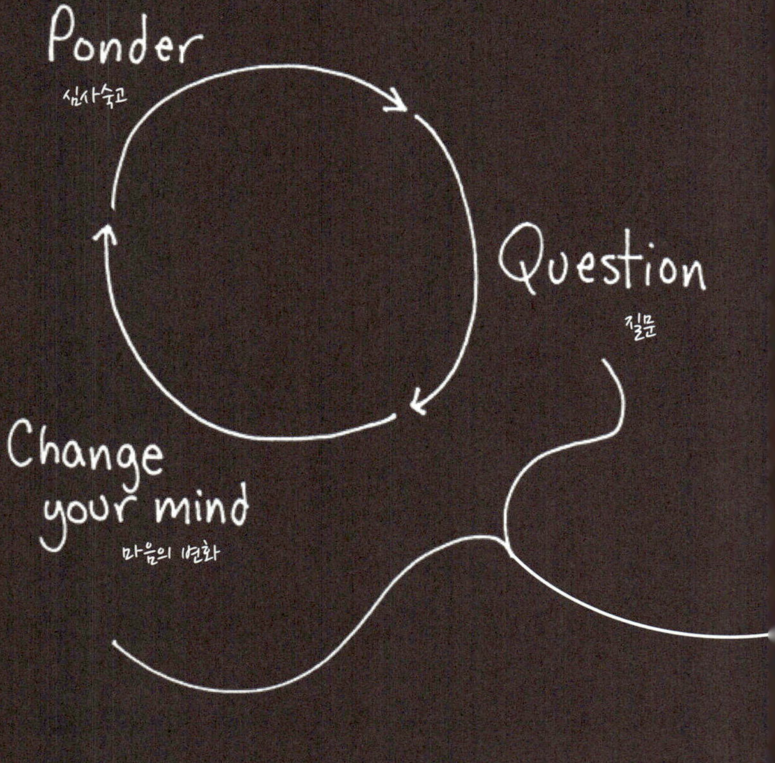

Questions.

How to get :
A = Smarter 더 총명해지는 법
B = Kicked out of
the cult 사이비 집단에서
쫓겨나는 법

재미있는 사람들은 자기 자신보다는 남에게 관심이 더 큰 이들이다.

이들은 뭐든 가리지 않고 닥치는 대로 배우고 흡수하는 이들이다.

이런 사람들의 말을 잘 들어보면

대부분 궁금함을 솔직히 드러내는 의문문인 경우가 많다.

Strength
힘
RemAin A

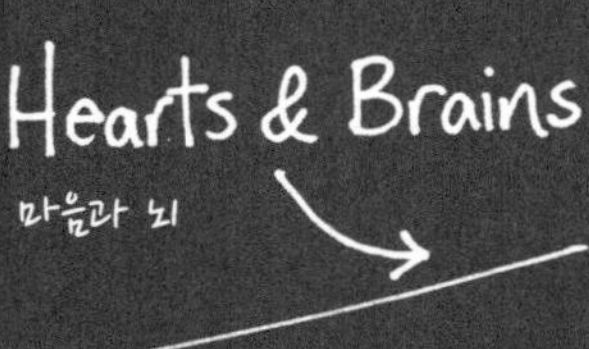

Student.

작실한 학생 되기

뭔가를 배우러 다니자.

철학, 양궁, 회계, 미술, 다이빙, 불 먹는 묘기 등.

내가 모른다고 인정할 수 있는 종목이라면 뭐든지 좋다.

배워두면 언젠가는 그 기술을 쓸 날이 찾아올지도 모른다.

Practice
VICARIOUS
Pride.

대신 자랑스러워하기

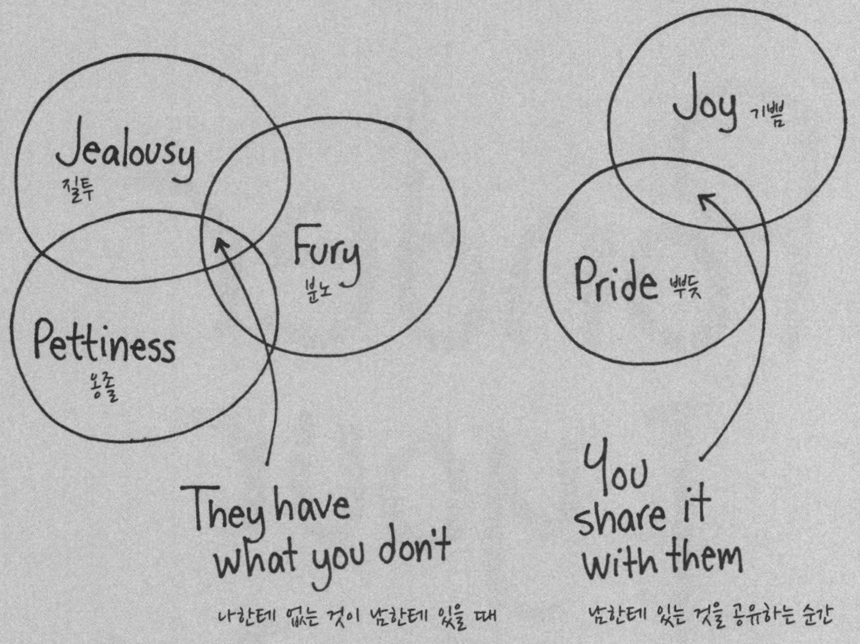

내가 아닌 다른 사람 때문에 가슴 벅차도록 자랑스러워 한 적이 있는가?
그렇다면 그게 얼마나 들뜨고 행복한 일인지 알 것이다.

그래 본 적이 없다면, 누군가와 아주 가까워져라.
그러면 그 기분이 어떤 것인지 배우게 될 것이다.

Ponder your Luck.

내게 찾아온 행운 곱씹어보기

당신은 지금 당신이 가지고 있는 것들을 가질 자격이 있는가?
아마 거의 그렇지 않을 것이다.
당신이 갖지 못한 것은 무엇인가? 아마 거의 없을 것이다.

우리의 인생에 작용하는 우연과 기회, 조직 프로세스(아, 물론, 운도 여기에 해당)의
역할을 인정하자.

Admit GOOFS

누구나 가끔 바보가 된다

실수는 항상 일어나는 법이다. 그것도 자주.
내 잘못으로 실수가 일어나기도 하지만
운이 없어서 일어나기도 한다.

두 경우 모두 편안한 마음으로 받아들이자.

BE A

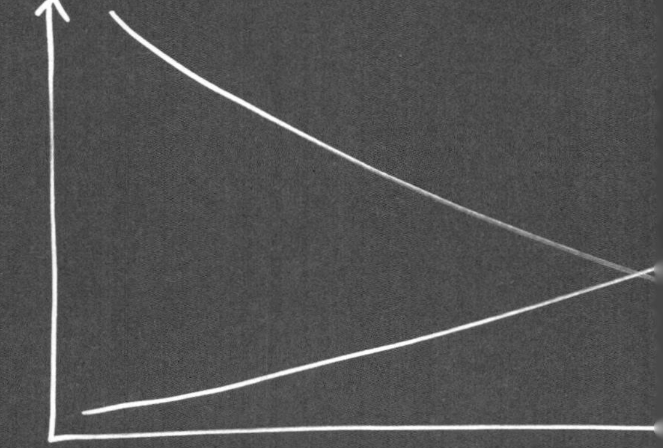

누구를 만나든지 조수의 역할을 해보자.

주인공의 곁에서 도와주고 조언해주고 들러리가 되어보자.

조연 없이는 주연도 없는 법이다.

SIDEKICK.

조수 노릇 하기

Brings out the best 최선을 끌어내기

Fosters the worst 최악을 뽑아내기

Enablers 조력자

Be impressed
before you
try to be
IMPRESSIVE.

남에게 감동을 주려 하기 전에
먼저 감동하기

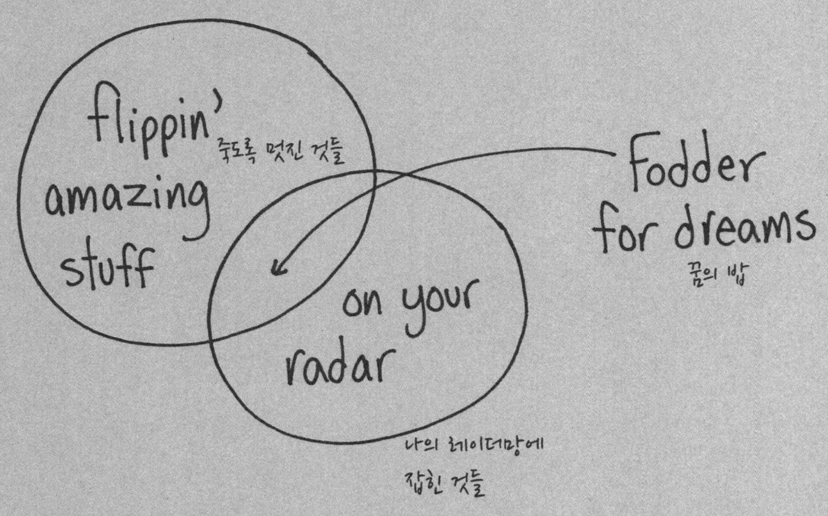

장엄함에, 찬란함에, 아름다움에,

균형감에, 지혜로움에,

당신이 더욱 놀랄수록

당신이 놀라운 존재가 될 기회는 더 많아진다.

정말이다. 위를 올려다보지도 않고 어찌 높은 뜻을 품겠는가?

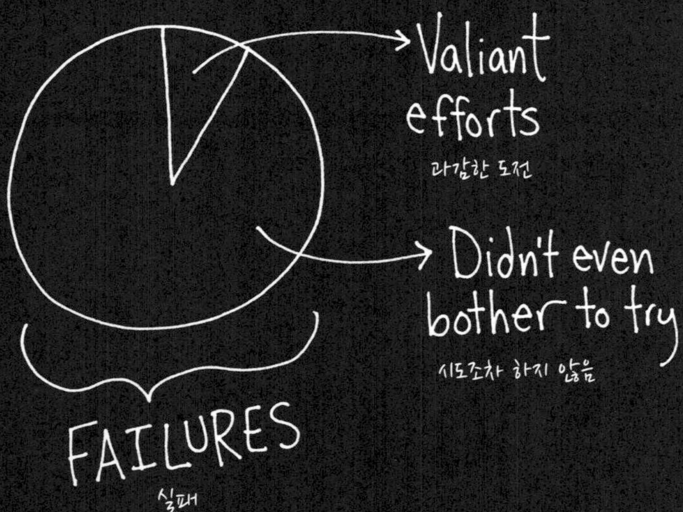

Valiant efforts
라감한 도전
Didn't even bother to try
시도조차 하지 않음
FAILURES
실패

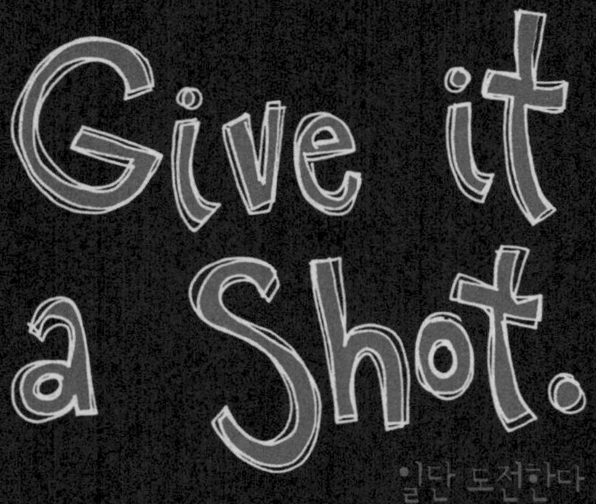

한번 해보는 거다.

새로운 아이디어와 놀아보는 거다.

안 하던 짓도 해보는 거다.

안전지대를 떠나지 않으면 결코 성장할 수 없다.

Think abundance

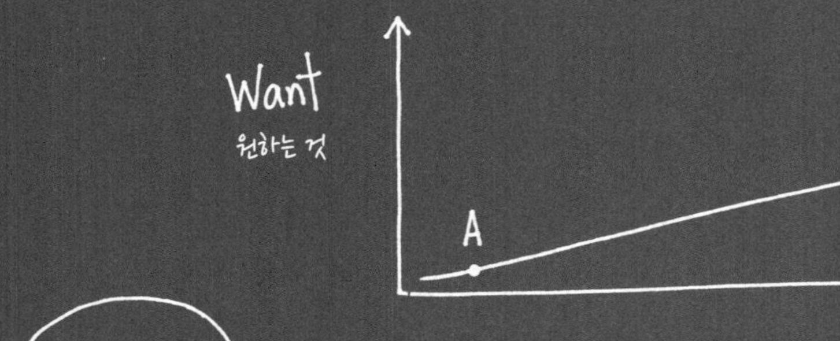

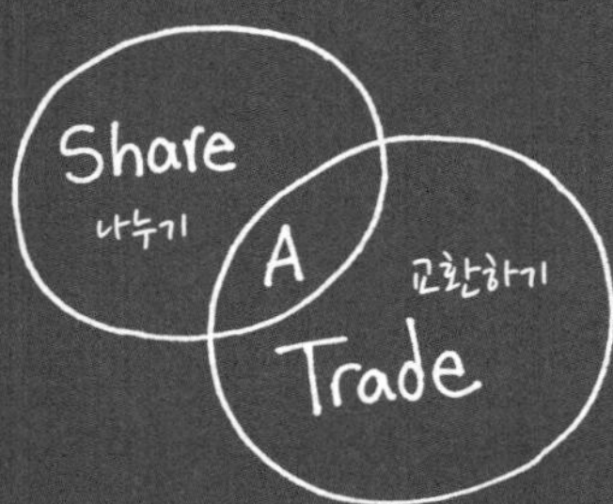

Not Scarcity.

부족이 아니라 풍부를 생각하기

가볼 곳이 넘쳐난다고 생각하고 찾아보면 정말 그럴 것이다.

이를 뒤집어 생각해도 역시 그렇다.

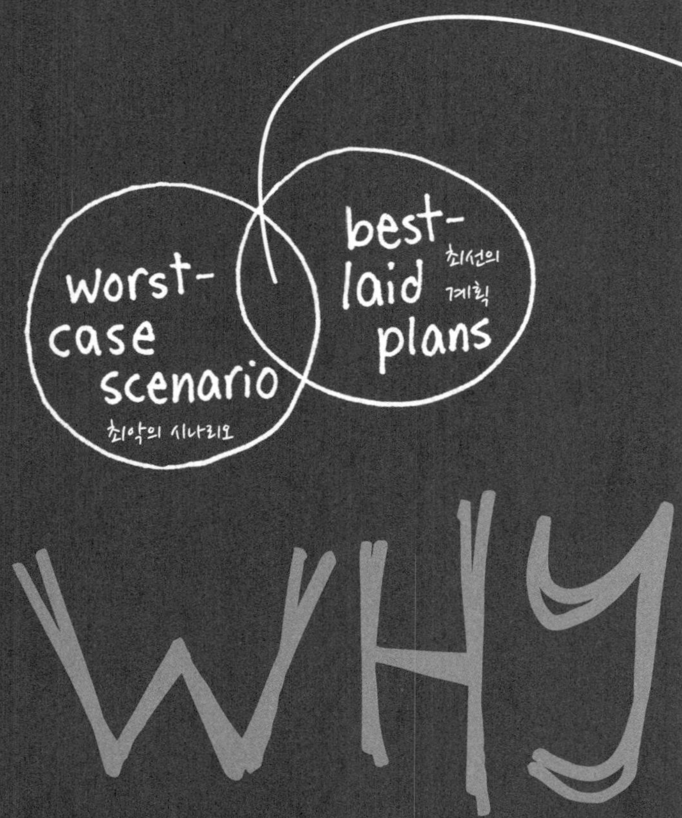

worst-
case
scenario
최악의 시나리오
best-
laid
plans
최선의
계획
WHY

실패가 두려운가?

다른 사람들이 당신의 실패를 알아챌까 두려운가?

그런데 실패 좀 하면 어떤가?

실패 좀 하면 큰일 나느냔 말이다.

실패가 무슨 대수인가?

ADMIT YOU WANT TO.

원하는 것 인정하기

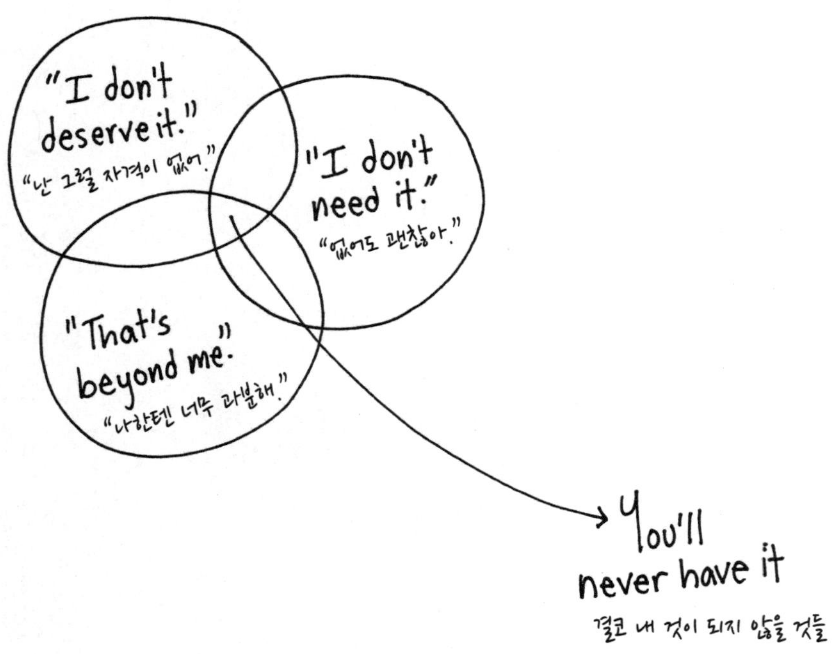

꿈을 부인하는 것은 새싹을 짓밟는 행위다.

갖고 싶은 것이 있다고 죄책감을 가질 필요 없다.
원하는 것이 있는 것은 부끄러운 것이 아니다.

그런 죄책감이라면 자기 자신에게 기회조차 허락하지 못할 때를
대비하여 남겨두자.

SURPRISE YOURSELF.

나에게 놀라기

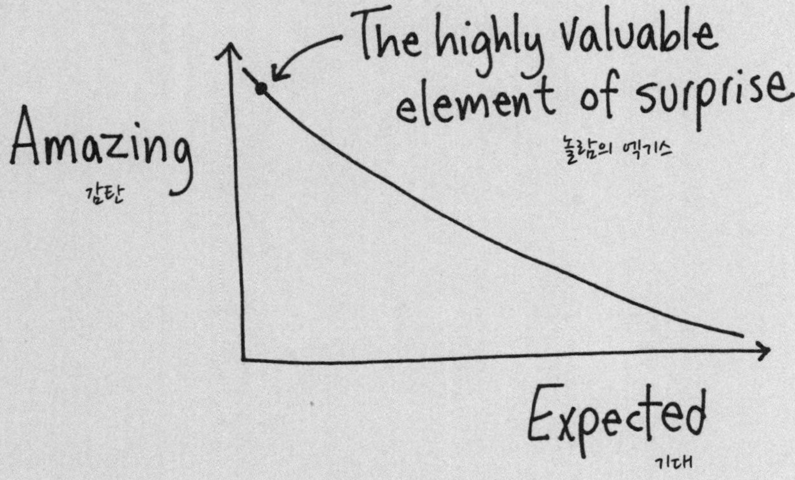

당신은 당신에게 무엇을 기대하는가?

새로운 것을 시도해보자. 그 후에는?

또 새로운 방법을 써보자.

당연한 얘기지만, 뻔한 방식을 따르는 것은 의무조항이 아니다.

Stockpile

What you
talk about

내가 지껄이는 것

•Boorish 천박함

.Unfortunate 안타까움

닥치는 대로 읽자. 일부러라도 엿듣자.

영화를 보자. 구름을 쳐다보자. 사람들을 구경하자.

더 많이 빨아들여야 더 많이 스며 나오는 법.

anecdotes.

•이야깃거리 수집하기

•Interesting 재미있음

•Shy 부끄러움

→

What you know about

내가 정말 알고 있는 것

Overstep your BOUNDS.

경계선 넘어가기

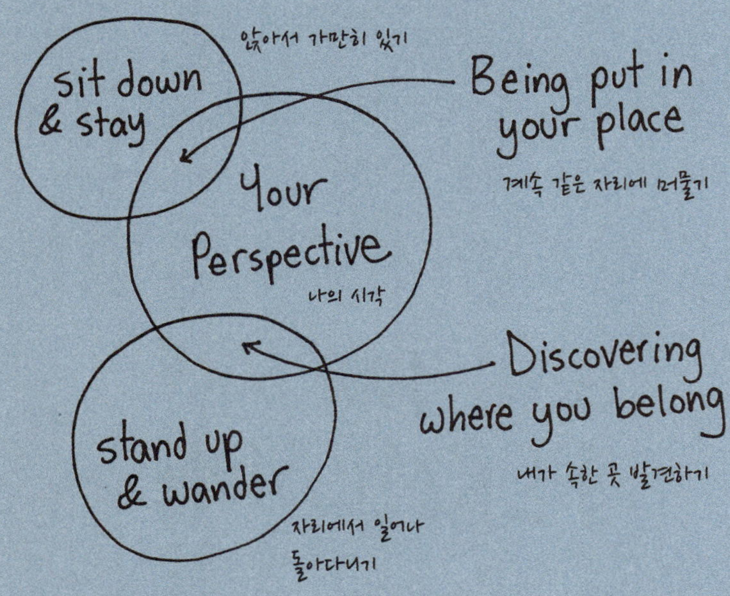

가보지 않았다고 해서 내가 그곳에 속하지 않은 것은 아니다.
내 직무기술서에 쓰여 있지 않다고 해서 내게 그 일을 할 능력이 없는 것은 아니다.

내가 진짜 소속된 집단이 어디인지 바로 알고 그곳에 들어가기로 결심만 한다면 말이다.

GIVE YOURSELF PERMISSION.

나에게 허락하기

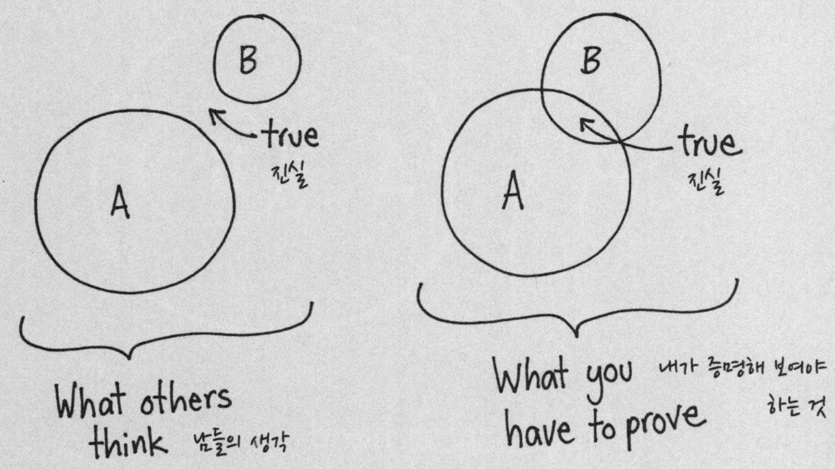

누군가의 허락이 필요한가?

그렇다면 내가 나에게 허락하자.

대부분 그렇듯, 결국 아무도 허락해주지 않을 테니까.

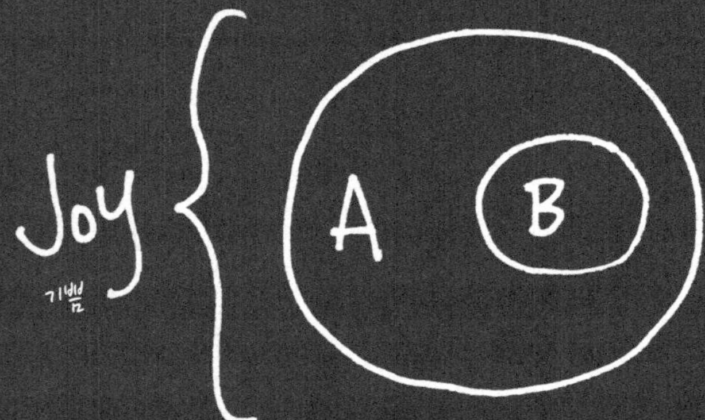

Joy
기법
A
B
A = The task at hand
내게 맡겨진 일
B = Your heart
나의 마음
Volunteer

이렇게 말해보자. "제가 하겠습니다."

그리고 뭐든지 할 마음으로 진짜 한다.

그 일에 내 마음을 쏟아보자.

사람들이 당신과 사랑에 빠지기 시작할 것이다.

당신 역시 당신이 하는 일과 사랑에 빠지게 됨은 물론이다.

Make REAL

내일쯤 할 거라고?

언젠가는 시작해볼 생각이라고?

안 된다. 잠정적 계획안이 아닌, 실제로 운동성을 지닌 계획을 세우자.

PLANS.

실질적인
계획 세우기

.Strategic
전략

.Hesitant 주저

→

Plans 계획

우물쭈물하는 버릇이 낳는 것은 후회뿐이다.

Declare Your Affections

애정 표현하기

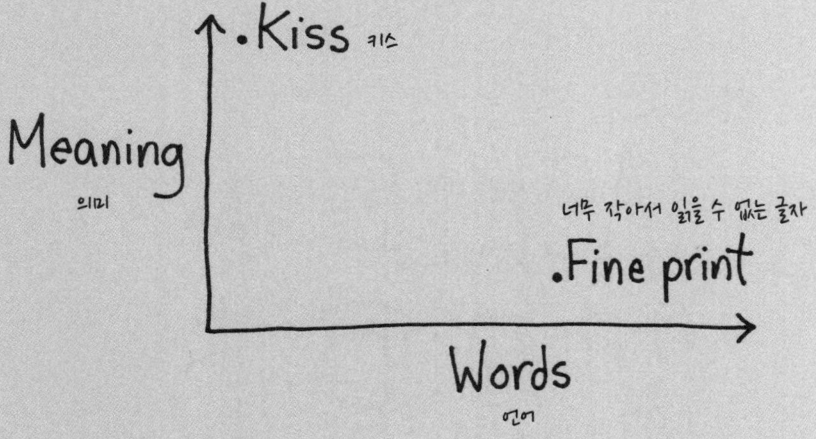

감정적으로 무방비 상태가 되려면 대단한 용기가 필요하다.
무릎에 힘이 빠지려면 강한 정신력이 필요하다.

재미있는 사람들은 알고 보면 재미있는 러브스토리의 주인공들이다.

TACKLE the HARD STUFF.
골치 아픈 일에 태클 걸기

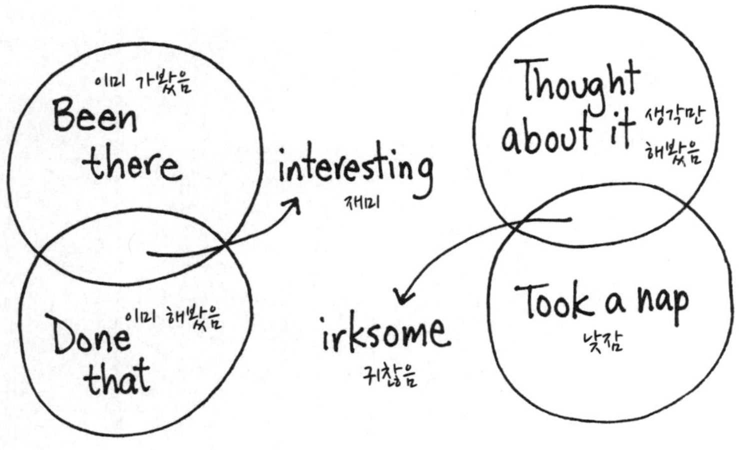

장애물을 보고 나면 경쟁할 맛이 뚝 떨어지기 마련이다.
하지만 가장 골치 아픈 그 문제를 처리하면
가장 큰 성취감을 맛보게 될 것임을 명심하자.

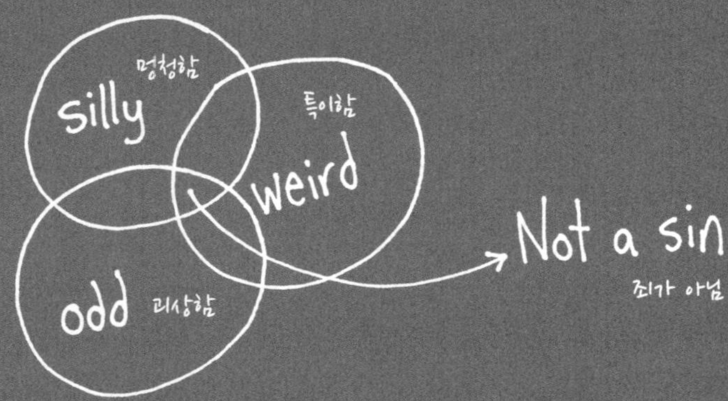
Silly
명청함
특이함
weird
Not a sin
죄가 아님
odd
괴상함

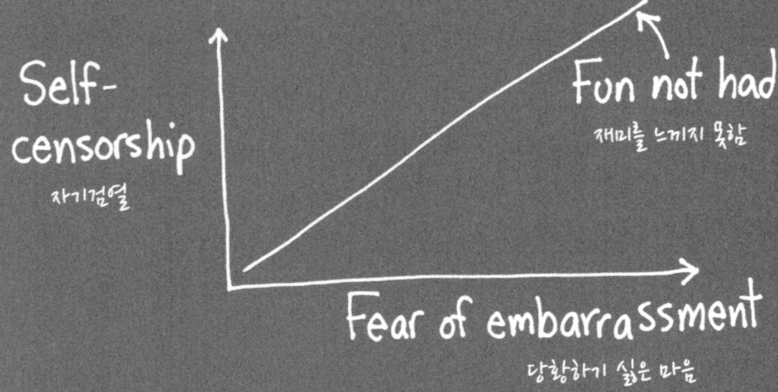
Self-
censorship
자기검열
Fun not had
재미를 느끼지 못함
Fear of embarrassment
당황하기 싫은 마음

Have no Shame.

수치심 없애기

노래도 못하는 주제에 큰 소리로 부르기.

길 따라 깡충깡충 뛰어가기!

공개무대에 과감히 올라가기!

타고난 천성에 칼 대려고 하지 않기.

그러면 비웃는 이들보다 미소 짓는 이들이 더 많아질 것이다.

그런데도 비웃는 이들이 있다면

그건 자기가 처한 우울한 신세 때문이리라.

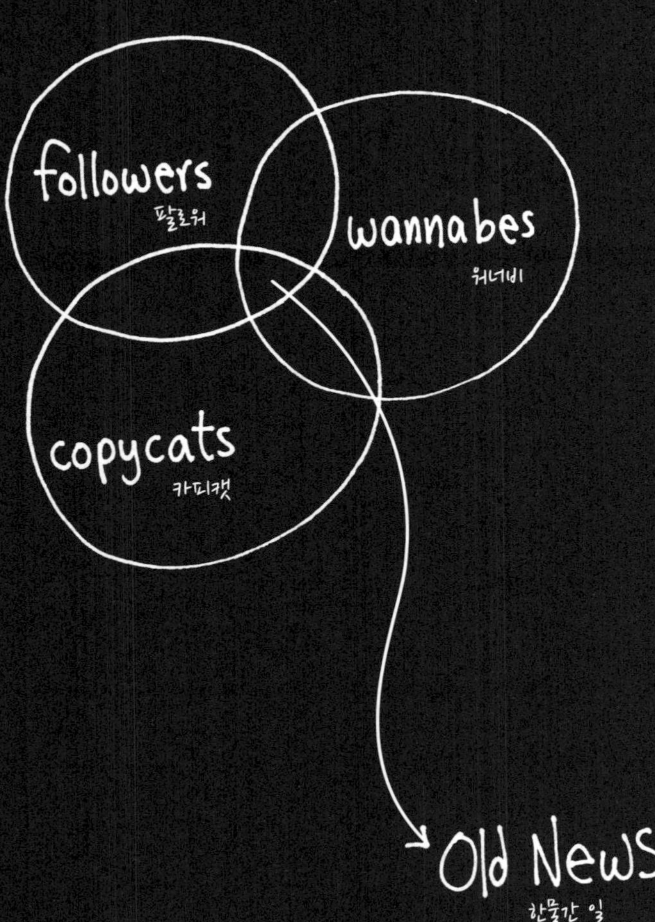

followers
팔로워
wannabes
워너비
copycats
카피캣
Old News
한물간 일

Hop off the bandwagon.

밴드왜건에서 내린다

이미 모두가 하고 있다면 나는 막차를 탔다는 뜻이다.
그러므로 남들이 하는 것이 아닌 나만의 것을 시작하자.
오히려 남들이 당신이 하는 멋진 일을 보고 당신의 뒤를
따르기 시작할지도 모른다.

밴드왜건효과 : 군중심리가 작용하여 남이 하면 나도 한다는 심리로 시류나 유행에 편승한다는 뜻으로 쓰임.

Don't confuse
a tradition
with a mandate.

전통을 따르는 것과 의무조항을
혼동하지 않기

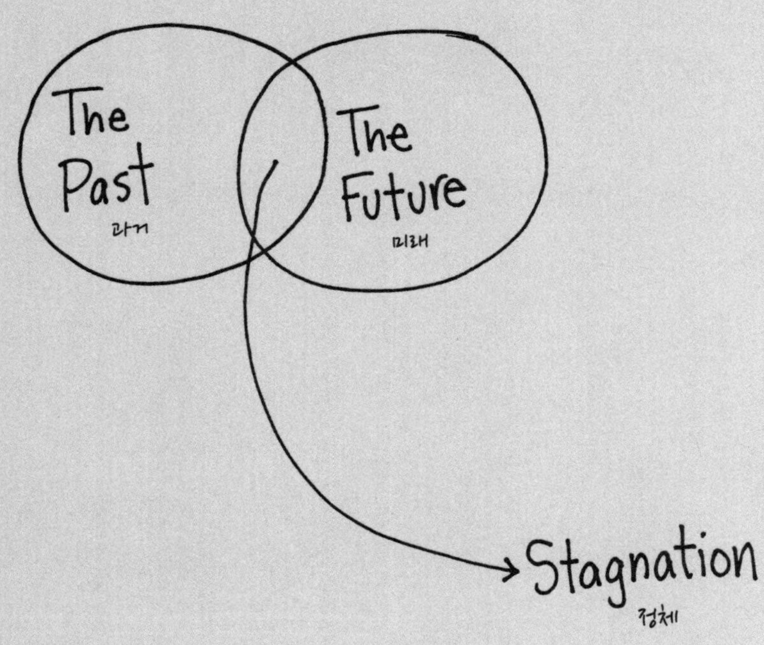

그러니까, 항상 그래 왔으니 그렇게 하는 것이 맞는다는 말인가?

"이대로가 아주 좋다"고?

그럼 우리도 그렇게 하면 되는 건가?

아니다, 더 이상 그렇지 않다.

Do a VERy

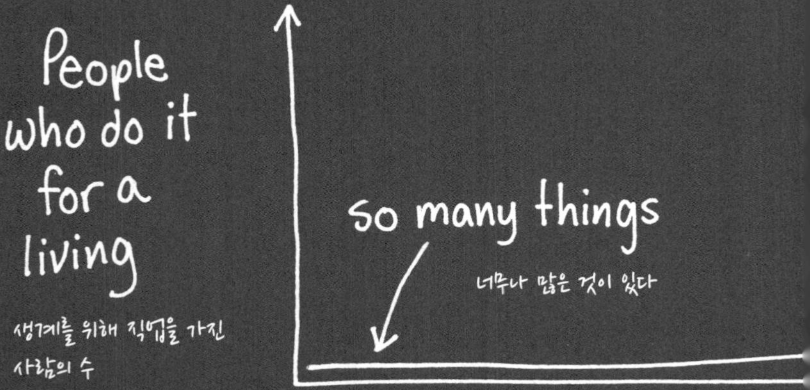

People
who do it
for a
living

생계를 위해 직업을 가진
사람의 수

so many things

너무나 많은 것이 있다

교통체증으로 꽉 막힌 도로에 앉아서

역시 마찬가지 신세인 다른 차들을 보면서

저들은 뭘 해서 먹고 사느라 이 시간에 이러고 있는지 궁금해 한 적 있는가?

그들의 취미는? 그들이 좋아하는 것은?

ODD JOB.

오지랖 부리기

How often you hear
about it 그들이 뭘 해서 먹고 사는지 들을 기회

그 답은 사람의 수만큼이나 다양하다.

가능성이 그렇게 많다는 얘기다.

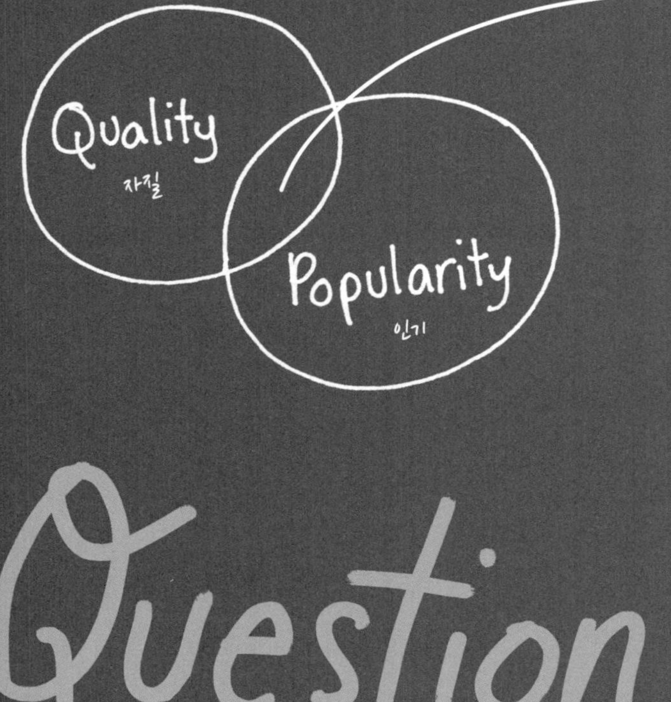
Quality
자질
Popularity
인기
Question

Not NECESSARILY

그렇다고 꼭 필요한 것은 아니다

Ubiquity.

흔한 것에 물음표
던지기

어디서나 보이는 일이라고 해서, 누구나 하는 일이라고 해서
반드시 선한 것이거나 참여할 가치가 있는 일이라고 할 수는 없다.

FOLLOW *your* CURIOSITY.

나의 호기심 따라가기

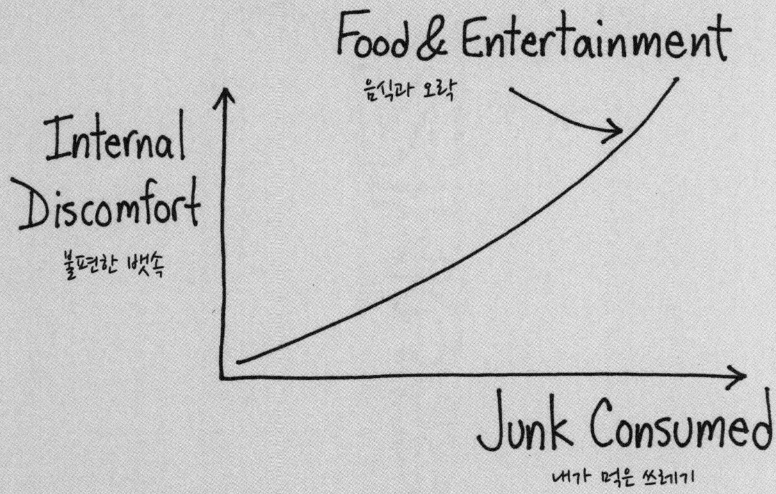

누구나 하는 일이지만 어쩐지 지루한 늪으로 빠져들어 가고 있는 것처럼 느껴진다면 당신을 구원할 생명줄은 오직 호기심뿐이다.

Crawl into NICHES.

틈새 안으로
기어들어가기

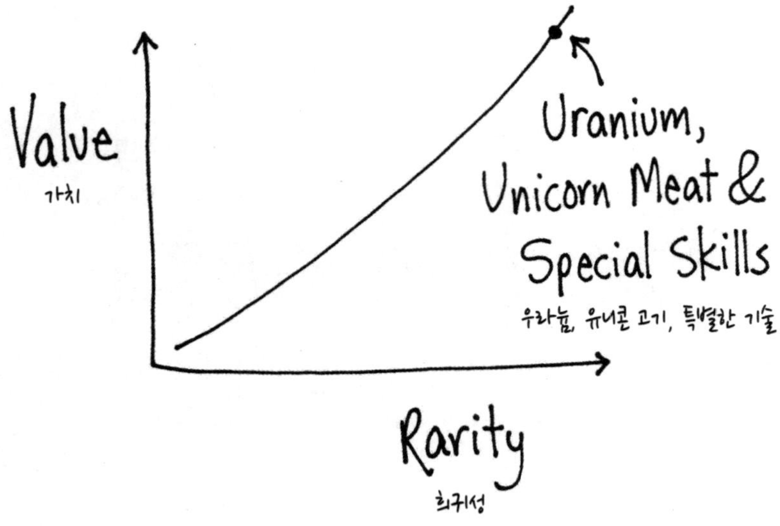

틈새가 작으면 작을수록 카피캣(=따라쟁이들)을 위한 공간은 줄어든다.
재미있는 존재가 되고 싶다면 평범을 버리고 특별함을 택하라.

Be the next whatever-sized thing.

사이즈에 구애받지 않고
차세대 '큰' 인물 되기

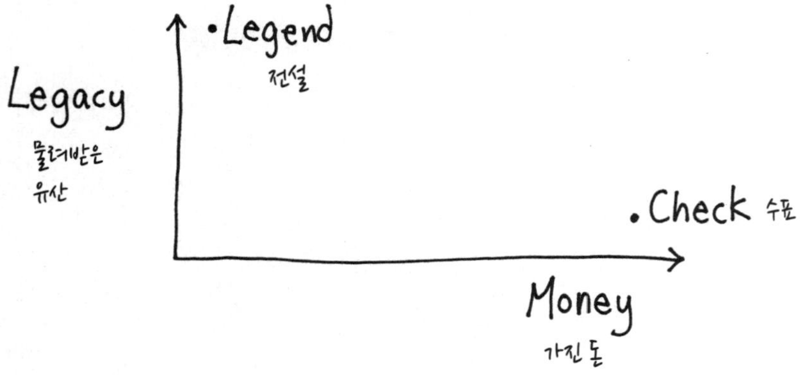

반드시 세상에 이름을 떨치거나
엄청난 부자가 되어야만 성공은 아니다.

그냥 내가 제일 잘할 수 있는 일을 하자.

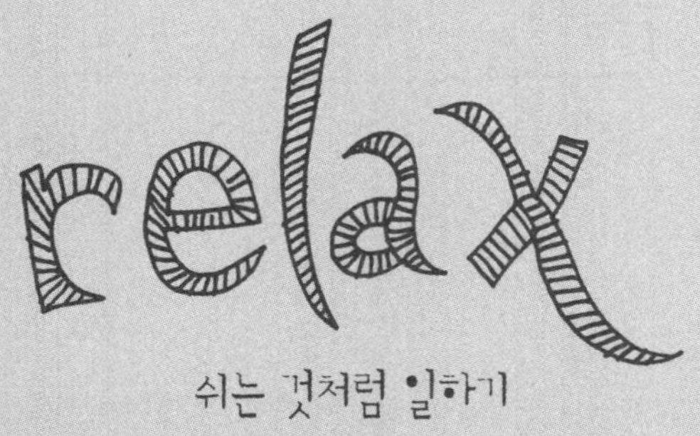
relax
쉬는 것처럼 일하기

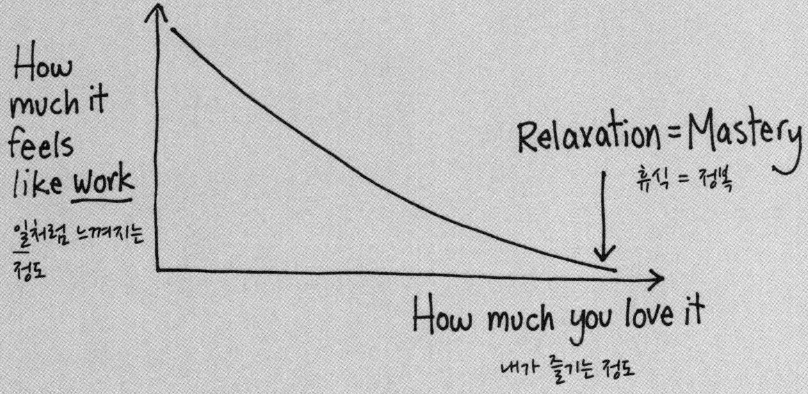

스트레스도 아니다. 성공도 아니다.

나를 만족시킬 만한 일을 찾아보자.

그렇게만 해도 심장마비로 쓰러질 확률이 크게 줄어들 것이다.

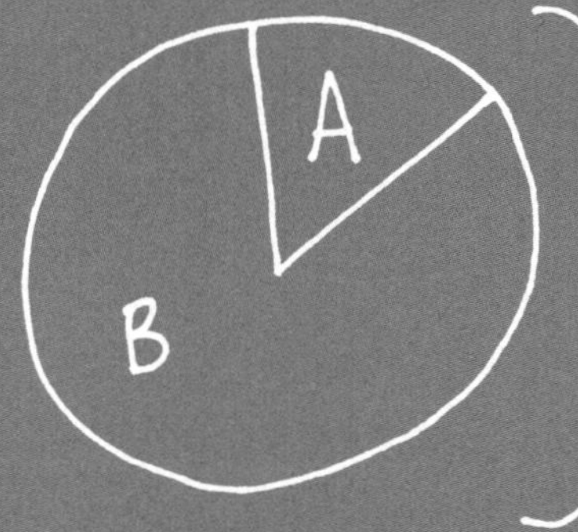

CHANGE

A = Slightly ahead 남들보다 약간 앞섬

B = Far behind 남들보다 한참 뒤처짐

C = Winners 승자

MEASUREMENTS.

측정 단위 바꾸기

우리 집은 몇 제곱미터? 차는 몇 마력?

은행 잔고는 얼마쯤?

내가 만든 클럽에 가입한 회원 수?

일주일에 몇 번이나 행복한 기분으로 잠에서 깨는가?

당신이 지금 무엇을 재고 있는지 돌아보고

이를 대체할 측정 단위를 찾아보자.

Start your

the blue
우울한 기분
the woodwork
은둔처
left field
별난 생각
Success
성공
Where ideas come from
(when your mind is ready for them)
아이디어 발생지 (마음의 준비가 되었다면 말이다)

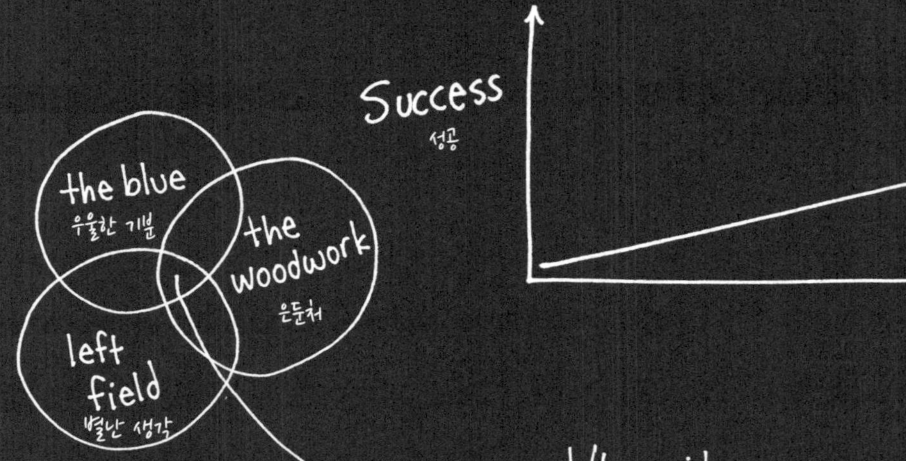

own craze.

it doesn't matter where you begin

How far you go

모든 문화 현상은 작은 아이디어에서 시작된다.

머릿속에서 맴도는 아이디어가 있다면 과감히 끄집어내어 사람들에게 알리자.

혹시 아는가? 온 세상이 당신의 아이디어를 두 팔 벌려 맞이하게 될지.

Leave the Safety of Home.

집이라는 안전한 곳 떠나보기

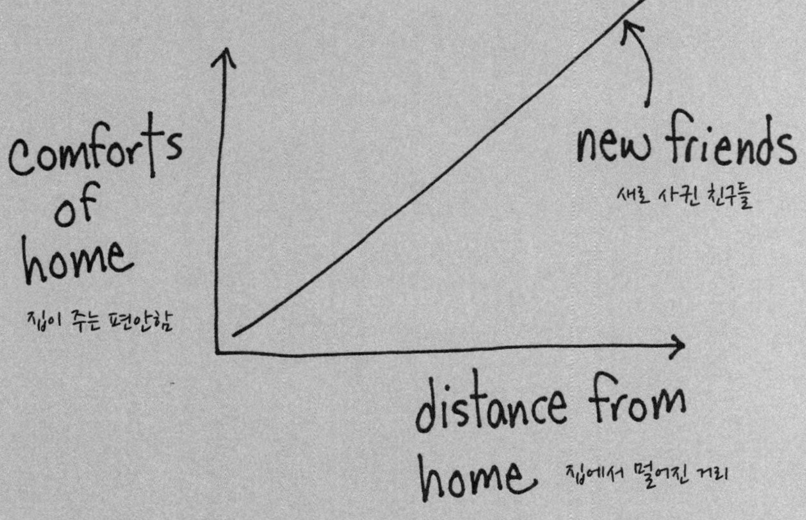

당신은 특정한 일을 하는, 특정한 사람들과 어울리며, 특정한 곳에서 자랐다.
자, 이제는 당신의 어린 시절이 얼마나 독특했는지 그리고 얼마나 보편적이었는지
확인하기 위해 집을 떠날 차례다.

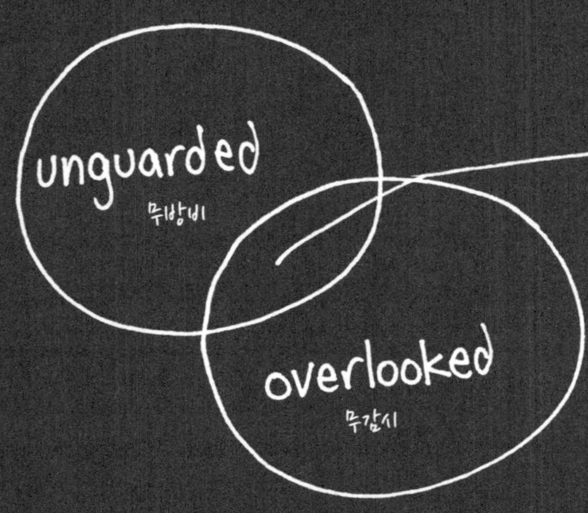

Take over

Undervalued
people,
places
& things

라소평가된 사람들,
장소와 일

unclaimed
spaces.

주인 없는 땅 차지하기

권력을 가진 자가 간과하고 지나간 것이 있다면 내가 얼른 차지하는 거다.

그러면 거기서는 내가 실세다.

INVESTIGATE the OBSCURE.

잊혀진 사건 조사하기

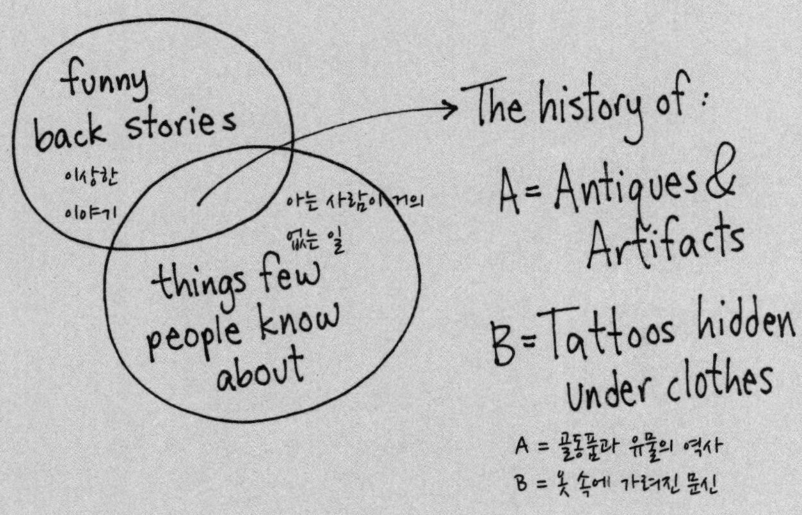

잊혀진 이야기를 다시 끄집어낸다.

오래된 책을 꺼내 읽는다. 유행이 한물간 옷들을 꺼내어 먼지를 턴다.

더 이상 구하기 힘들어진 오래된 음반을 듣는다.

한때 좋아했었지만, 그동안 잊고 지냈던 것들을 찾게 될지도 모른다.

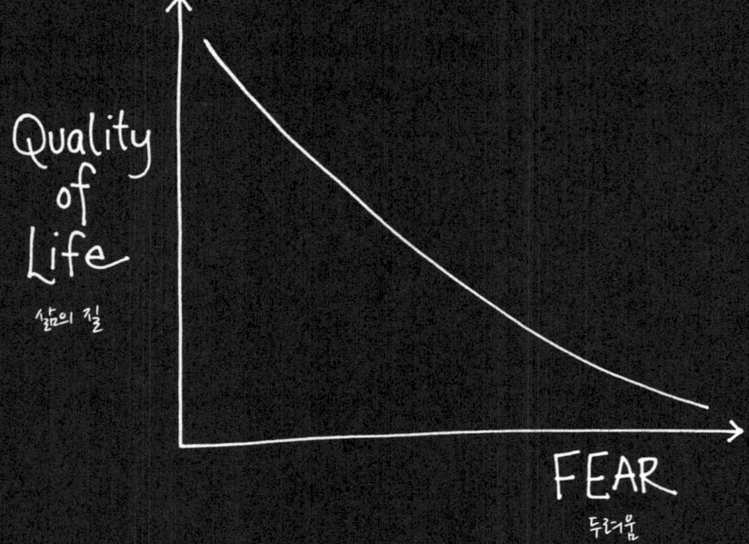

Quality
of
Life
삶의 질
FEAR
두려움

반대 의견을 내고 남들은 가지 않는 길을 가려면
용감해질 필요가 있다.
용기가 없다면 직원 휴게실에서 오고 가는 소문이나
기웃거리며 사는 수밖에.

Your DREAM
Your Problem
나의 꿈 = 나의 문제

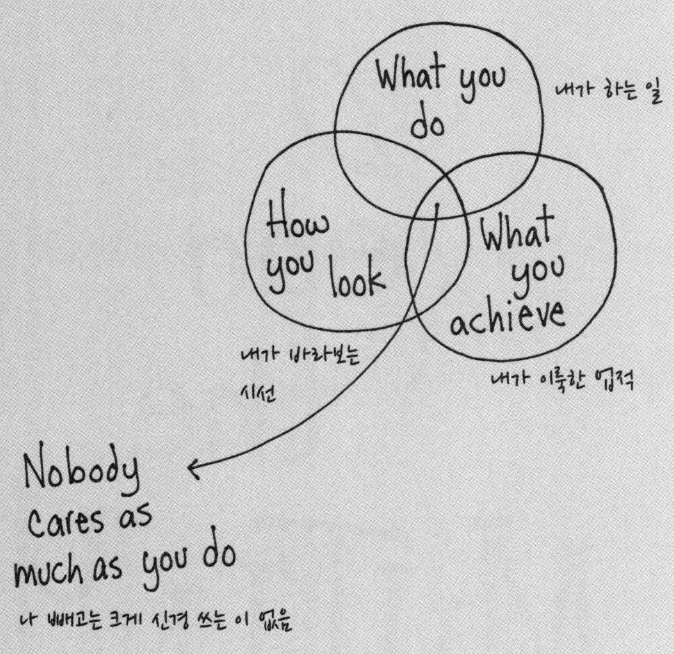

당신만 간직하고 있는 꿈이나 바람, 소망이 있다면 이를 실현하는 일에
관심 가질 이는 오로지 당신 하나뿐임을 기억하자.

Lead the MUTINY.
반란군 이끌기

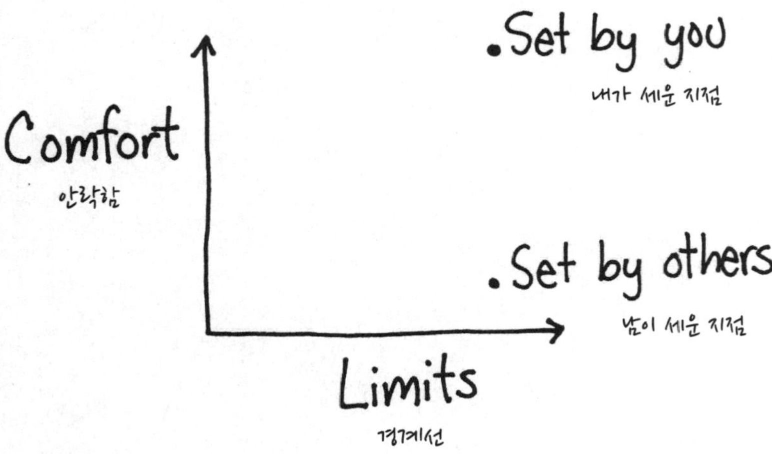

내가 지금 하고 있는 일이 무의미하거나 아무런 열매도 없어 보인다면
당장 멈춘다.
아무 가치도 찾을 수 없는 일을 위해 싸울 필요가 없다.
이 반란에 동참할 동지들이 얼마나 많은지 알게 되면 깜짝 놀랄 것이다.

Avoid

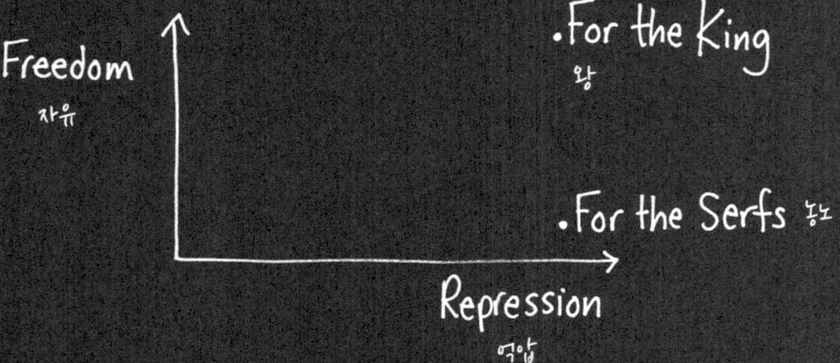

재미있게 살려면 마음껏 탐험하고, 실험하고,
획기적인 아이디어를 내려면 자유가 필요하다.

AUTHORITY.

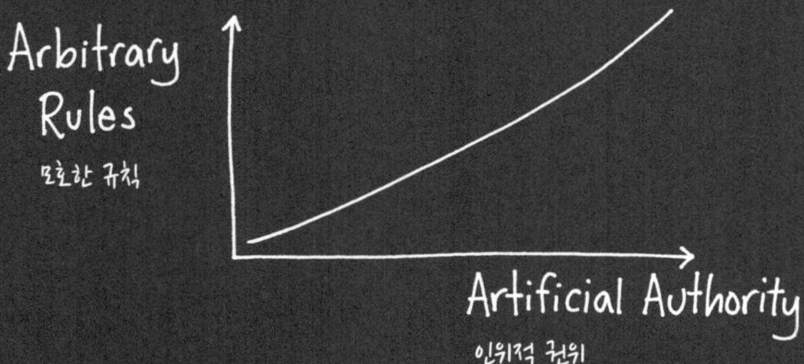

권위주의가 하는 일은 주로 그러한 행동을 가두고, 담아두고, 제한하는 일이다.
그러니 최대한 피해 다니자.

ACCEPT

Friction

마찰 받•아들•이기

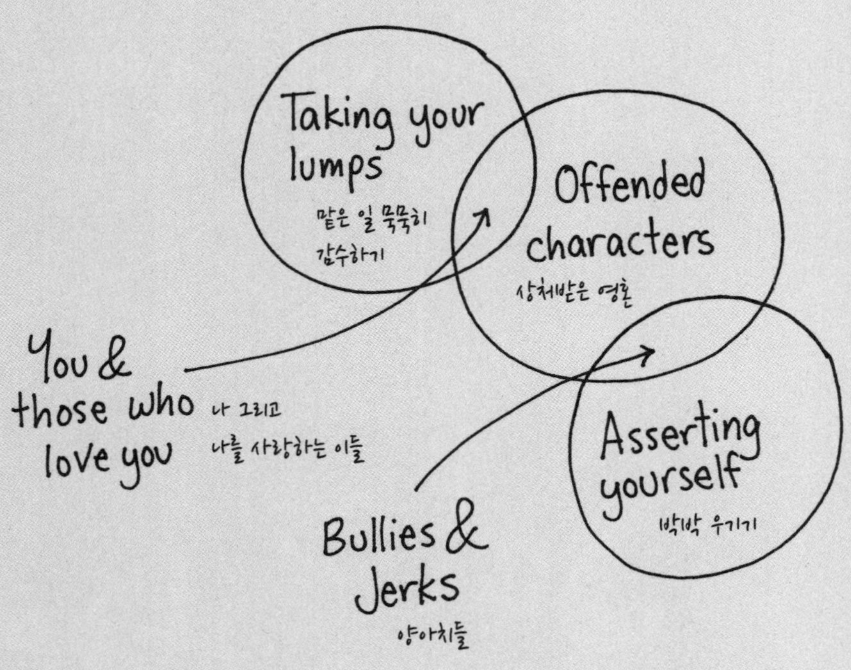

나서기 싫다.

풍파를 일으키는 일은 최대한 피하고 싶다.

필요하다고 말하는 것조차도 용기가 나지 않는다.

자, 이제 이것들을 극복할 때다.

Stress
스트레스
Not so easy
after all
결코 만만치 않음
Safe
is often

Challenges
도전

DANGEROUS.
안전이 때로는 위험하다

편안한 삶이란 순식간에 우리를 집어삼키는 늪과도 같다.

나도 모르는 사이 안락이라는 덫에 걸려서 꼼짝달싹 못하게 된다.

숨도 차오르고 가고 싶은 곳으로 마음대로 갈 수도 없다.

자전거를 타고 언덕길을 내려가는 중이 아니라면

관성에 몸을 맡기고 흐느적거리지 말자.

GET
unstoppable force
막을 수 없는 힘
immovable object
움직일 수 없는 대상

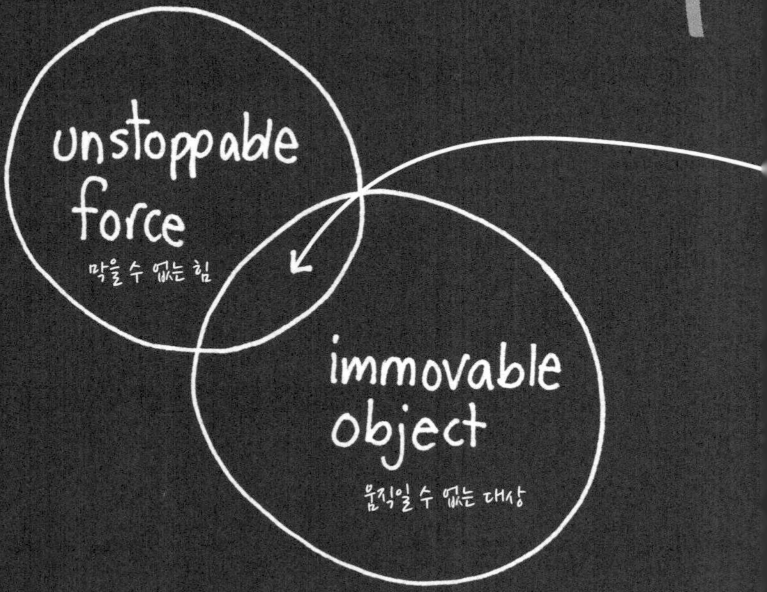

STUBBORN.

고집불통 되기

Somebody who gets things done

그럼에도 일을 해치우는 사람

포기하는 것은 재미없다. 계속되는 좌절에도 굴하지 않고
앞으로 나가려면 힘이 필요하다.
그 힘은 오직 재미있는 삶을 사는 이들에게만 있는 힘이다.

Lobotomize culturally INSANE practices.

광기 어린 사회적 관행의
뇌관 폭파하기

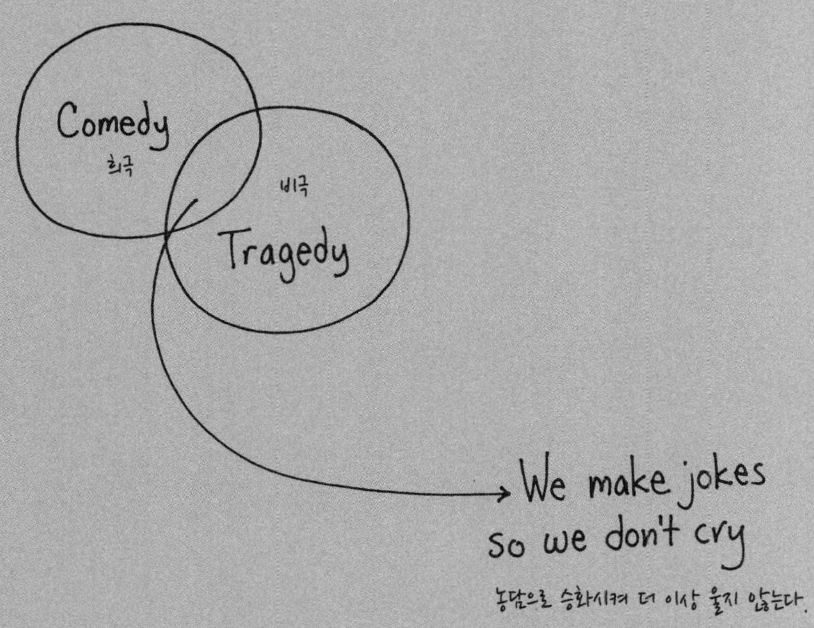

마녀를 화형 시키던 시절도 있었다.

노예제도가 합법이던 때도 있었다.

우리가 사회적으로 바로잡아야 할 것들은 또 어떤 것이 있는가?

그리고 이를 위해 당신은 무엇을 할 텐가?

SET YOUR OWN

What others demand of you
내게 요구하는 것
BREAKDOWN
무너진 정신
SANITY
온전한 정신
What you are willing to do
기꺼이 하고 싶은 일

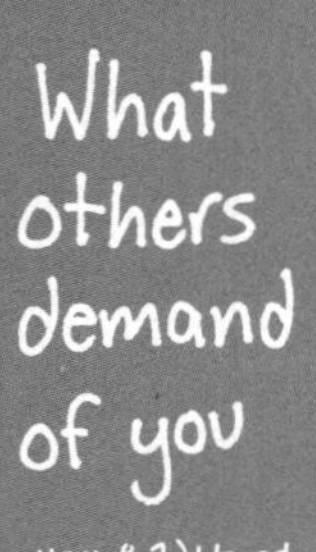

BOUNDARIES.

한계선 설정하기

나의 시간, 나의 관심, 나의 돈, 나의 사랑에

경계선을 긋자.

그리고 내 정신을 온전하게 지켜주는

담장을 허물고 내 영역을 침범하려는

이들로부터 나를 지키자.

Get ~~REJECTED~~ A LOT

많이 거절당하기

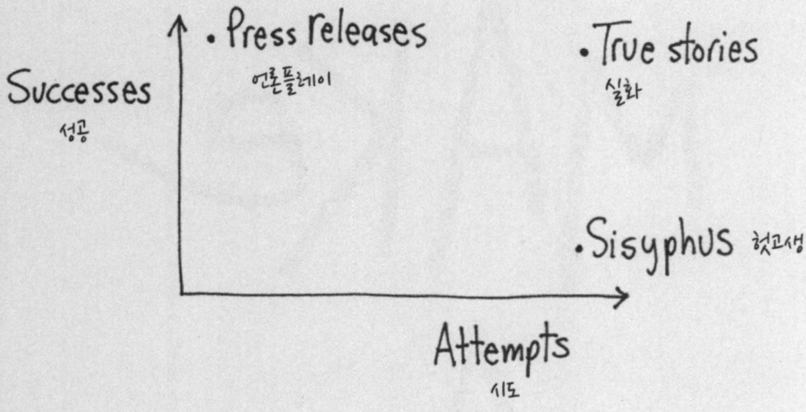

바깥세상으로 한 발짝만 나가도 사람들은
당신을 거절하고 뭉개버리고 무시할 것이다.
하지만 비록 수는 적어도 당신을 받아주고
당신 편이 되어주는 사람들도 분명히 존재한다.
거절은 비록 아프지만, 당신을 거절한 이들은 중요한 사람들이 아니다.
중요한 이들은 당신을 이해하고 받아주는 사람들이다.

MAKE A MESS.

어지르기

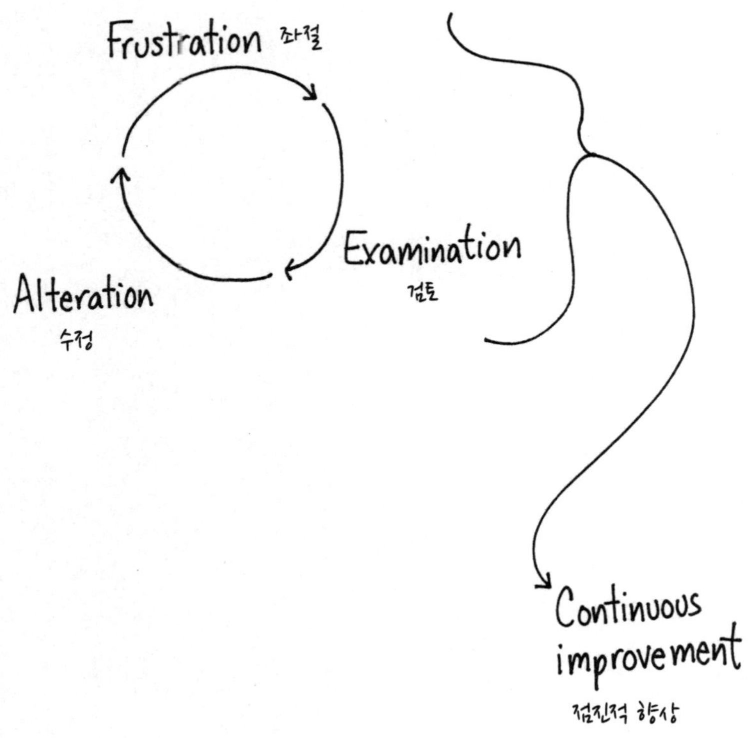

집 안의 가구 배치를 흩어보자. 내 주변과 생각, 기회들도 함께 말이다.
그리고 그 조각들을 다른 방식으로, 하지만 더 나은 방식으로 재정렬해보자.
창의성을 발휘하여 창의적으로 파괴해볼 때다.

Problem
Resolution
문제 해결

내가 한 일이 불만스럽다면 :

1) 서류함에 넣는다.

2) 다시 한다.

두 번째 방법을 시도하는 사람은 아주 적다.

Productively.

·A

생산적으로
징징거리기

·B

Inarticulate Wailing

불평불만

A = Babies

아기

B = Adults

어른

WIELD SHARP WORDS.

예리한 혀끝 제대로 휘두르기

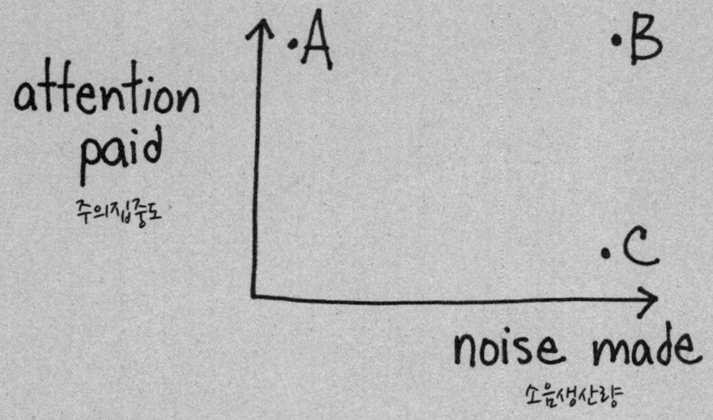

A = Compelling argument 힘 있는 주장
B = Sirens & Bombs 사이렌 소리와 폭탄 터지는 소리
C = Ranting 고함 소리

"당신의 혀는 많이 쓰고 닳아서 날카로워진 무기와 같다."

– 익명의 현자

그러므로 언어 사용에 신중을 기하자.

"I could do that."
"나도 그렇게 할 수 있었는데."
(But you didn't.)
(그런데 안 했잖아.)
Bitterness
씁쓸함

Ignore the Scolds.

괜한 시비는 무시한다

지루한 것은 안전하다. 그렇게 하면 얌전하다고
칭찬받을 것이다.

딴죽 거는 이들이 자주 하는 말이 있다.

자기도 그렇게 할 수 있었다고, 자기라도 그랬을 거라고,
그렇게 해야만 했다고.

하지만 중요한 것은 그들이 한 것은 아무것도 없다는
사실이다. 그래 놓고 모험을 시도하는 우리에게 괜한
분통을 터뜨린다.

JETTISON
TOXIC
CARGO
유독성 화물 내버리기

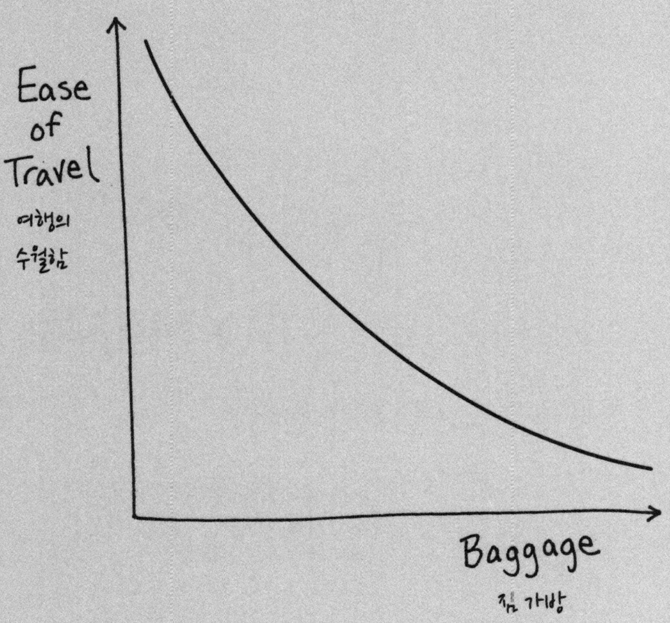

장소나 물건, 심지어 사람에 대한 나쁜 기억을 가지고 있다면 :

배 밖으로 내버리자.

버리는 즉시 배가 한결 가벼워질 것이다.

Avoid people
who make
you feel
CRAPPY.

나를 쓰레기처럼 느끼게 하는
사람들 피해 다니기

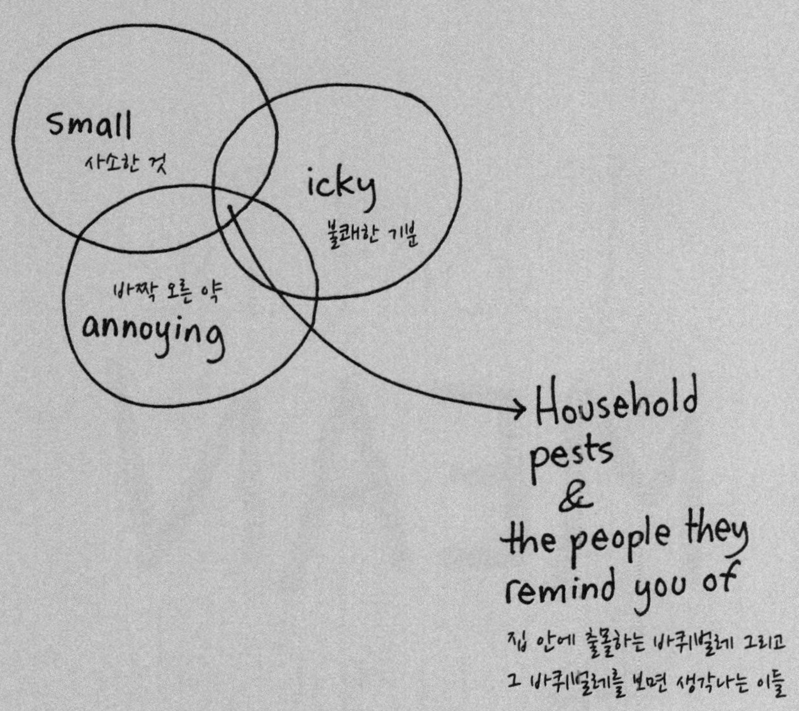

그런 이에게 걸려오는 전화는 회신할 필요 없다.

그랬다간 싸우자고 던지는 미끼만 덥석 물게 될 뿐이다.

이들과의 게임에서 이기는 방법은 그 게임에 불참하는 것밖에 없다.

괜히 맞섰다가는 내 짜증만 늘 뿐이고,

나의 끊임없는 짜증을 받아줄 성인군자는 어디에도 없다.

Don't be
MEAN
to yourself.

나한테 부리던 심술 멈추기

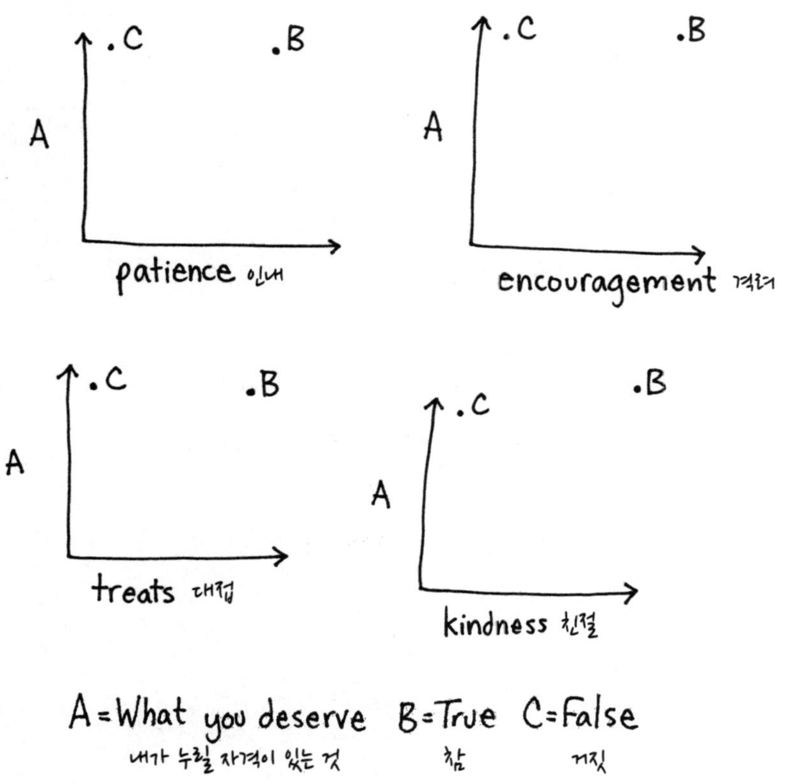

머릿속에서 작고 악랄한 목소리가 당신을 끊임없이 괴롭히고 힘들게 하는가?

직접 몸으로 보여주자. 그래서 그 소리가 다 거짓임을 증명하여 그 입을 다물게 하자.

주의 : 경우에 따라 몇 년이 걸릴 수도 있다.

Don't TAKE **ADVICE** from people you Don't **RESPECT.**

존경할 수 없는 이들이
주는 충고 거부하기

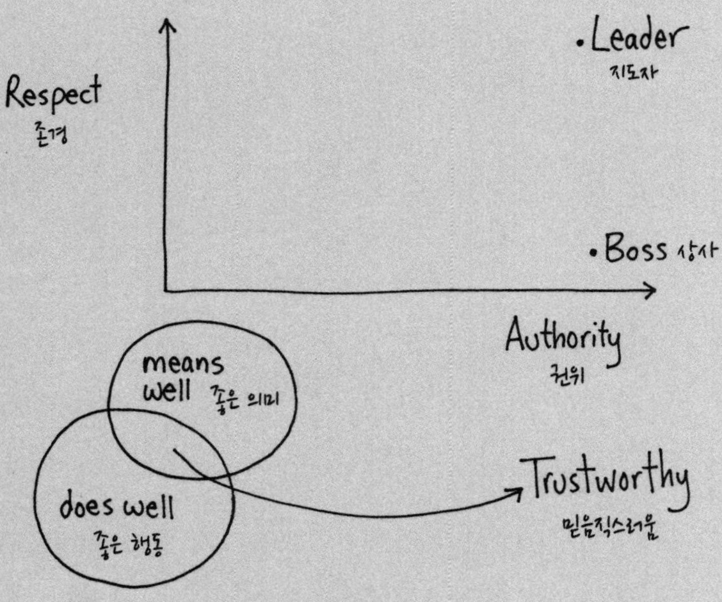

적어도 그들처럼 되고 싶지 않을 테니까 말이다.
당연한 소리겠지만.

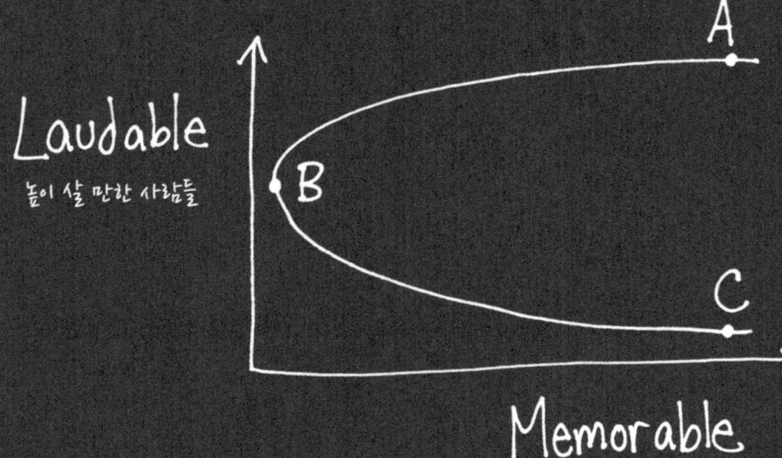

Learn from

A = Genius 천재

B = Perfect attendance 바른 생활 사나이

C = Criminal 범죄자

ALL examples.

남을 보고 배우기

우리는 이따금 마주치게 되는 한심한 인간들을 통해서
그렇게 살지 않는 법을 배울 수 있다.
우리는 또한 우리가 존경하는 이들을 통해서
그렇게 사는 법을 배울 수 있다.

인간 행동을 연구하는 셈 치면 된다.

Forgive

용서하기

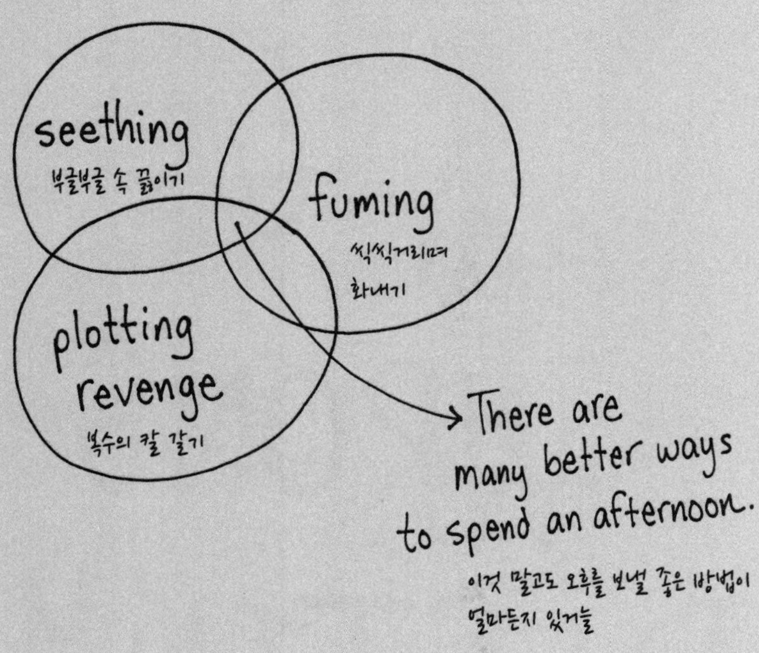

누구나 최선을 선택하고 이에 따라 행동한다. 아무리 고약한 종류의 인간이라도.
그들은 어쩌면 당신으로부터 사랑과 존경을 받을 자격은 없을지 모른다.
그렇다고 깔아뭉개 버린다면 그나마 당신 안에 남아 있던 사랑과 존경마저 뭉개져
없어질지도 모른다.

Fear the WRONG DESTINY.

잘못된 운명 두려워하기

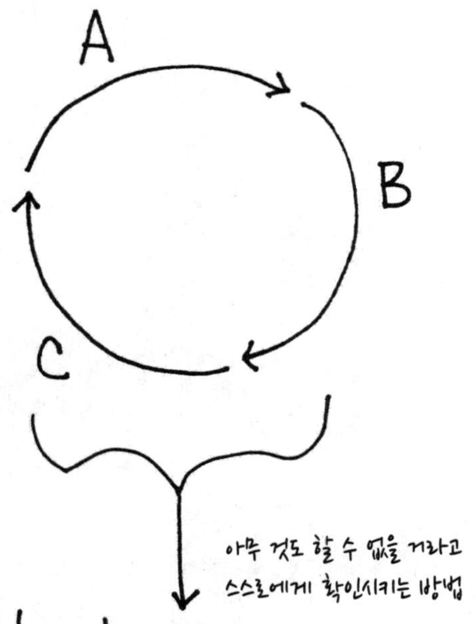

How to ensure you do not accomplish anything

A = Wish for something to happen 무슨 일이 일어나길 바라는 소망

B = Wait for someone else to bring it to you 누군가 나 대신 그 일을 일으키길 기다리는 마음

C = Curse the darkness 안 보인다고 투덜거리기

표지판을 찾아 헤매는 중인가?

미안하지만, 그 표지판은 당신 스스로 그려야 한다.

Don't confuse taunts with critiques.

조롱자와 비평가
구분하기

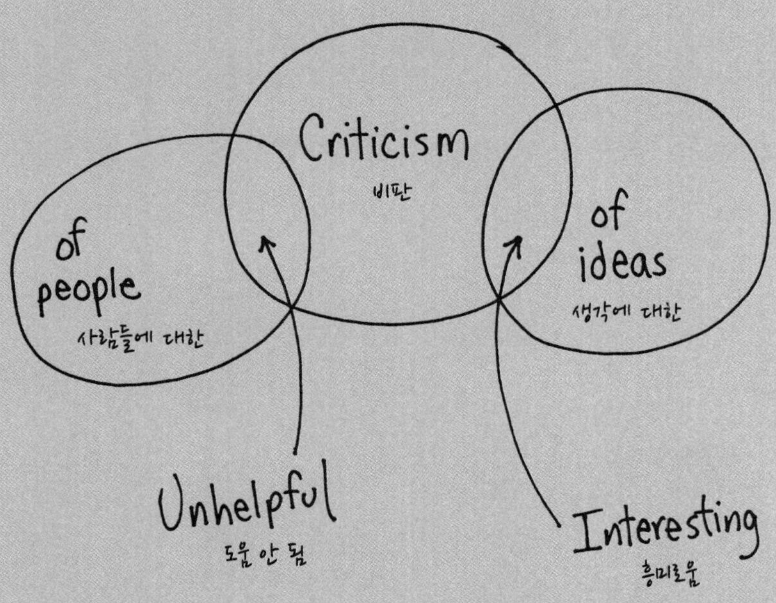

비평은 더 나아지기 위하여 사용할 때에만 건설적일 수 있다.

TRUST YOUR

Application
응용력

FOSTERED
발전

TALENTS.

내가 가진 재능 믿기

WASTED

낭비

Talent

소질

내가 _________ 하기엔 부족하다고 말하는 이들은 죄다 나쁜 사람들이다.
그들이 틀렸다.

Belligerently
ADVANCE.

정면으로 돌진하기

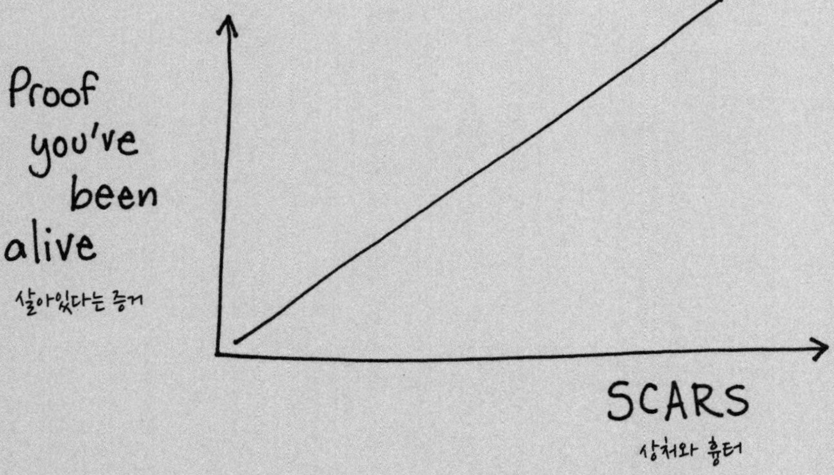

당신의 과거는 아름답지 않을 수도 있다. 생각하기도 싫은 끔찍한 과거일지도 모른다.

어쩌면 끔찍한 사람이 바로 당신 자신일 수도 있다.

어쩌면 과거가 당신에게 낸 상처는 당신이 생각했던 것보다 훨씬 더 많을 수도 있다.

그렇다고 과거의 기억에 매달려 살지는 말자.

과거에 빠져 익사하면 큰일이니까.

잘 극복하고 나면 과거의 아픔은 재미난 옛날이야기에 불과해질 것이다.

Ponder *the*

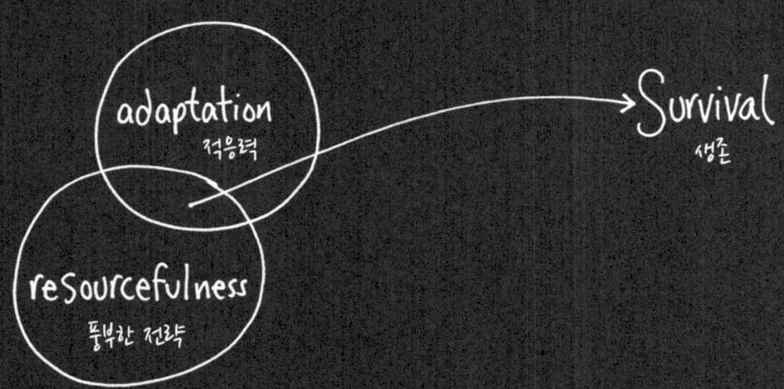

오리너구리는 남는 조각으로 짜깁기한 것처럼 보이는 동물이다.
그럼에도 어찌나 잘 살고 있는지 또 독특하기로는 어찌나 독특한지.
당신이 가진 흥미로운 자산들을 그 기능에 맞추어 짜깁기하는 일을
두려워하지 말자.

Platypus.

오리너구리 생각하기

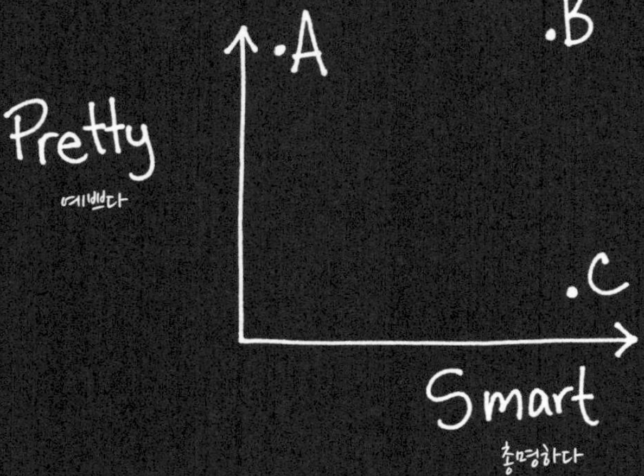

.A   .B

Pretty

예쁘다

.C

Smart

총명하다

A = Eaten by predators 천적의 먹잇감

B = More girls than you think 여기에 해당하는 여자의 수가
생각보다 많음

C = Heimlich Maneuver 하임리히 구명법

Give Extra Chances—
ESPECIALLY
to yourself

기회 조금 더 주기
특히
나에게

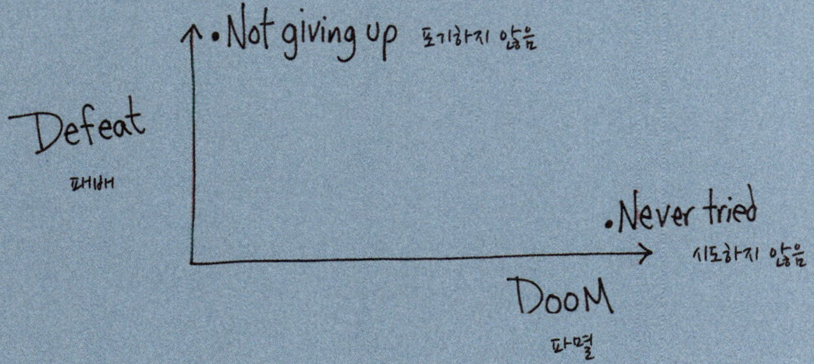

죽은 것이 아닌 이상, 우리에게는 변화의 능력이 있다.

In Summary:

요약정리:

Adventurous 모험심

Generous 관대함

Active 적극성

Strange 이상함

Caring 배려심

Humble 겸손함

Daring 대담성

Original 독창성

Brave 용감함

+ Self-Assured 자신감
____

Interesting 재미

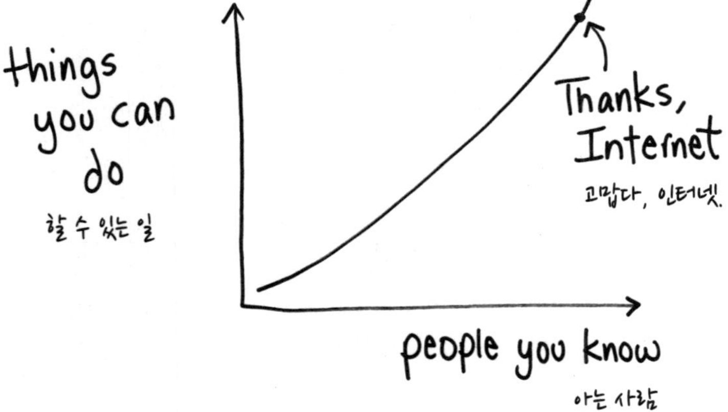

things
you can
do
할 수 있는 일
Thanks,
Internet
고맙다, 인터넷.
people you know
아는 사람

Acknowledgments
감사의 말

도움의 필요성을 미처 깨닫기도 전에 내게 도움을 베풀어주었던 최고의 에이전트 테드 바인슈타인, 내가 돈 주고 부탁한 것도 아닌데 나를 끊임없이 칭찬해주고 격려해준 노아 일린스키, 나처럼 그림 그리기 좋아하고 또 용감하게 목소리를 낼 줄 아는 서니 브라운, 성심껏 일하는 현명하고 온화한 편집자 브루스 트레이시, 그리고 내게 그토록 넓은 공간에서 내 작품을 나눌 수 있도록 기회를 준 포브스(Forbes) 사의 전 직원 여러분께 감사와 존경, 그리고 컨테이너만한 크기의 찬사를 바친다.

여러분 모두와 함께 일할 수 있었던 것은 제게 정말이지 죽도록 큰 행운이었습니다.

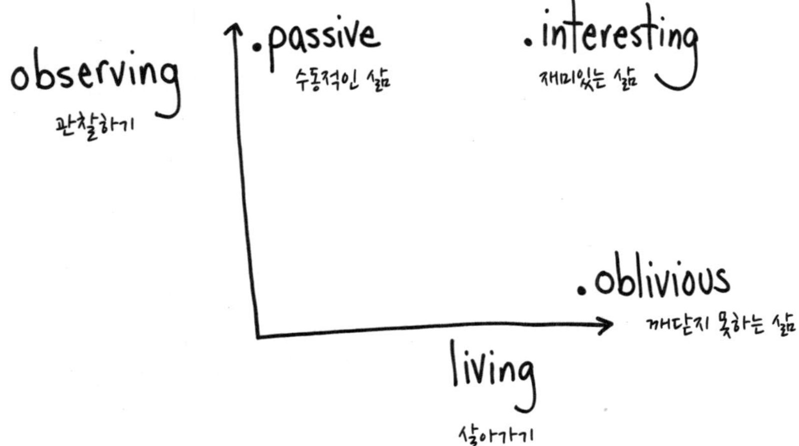

observing
관찰하기
passive
수동적인 삶
interesting
재미있는 삶
oblivious
깨닫지 못하는 삶
living
살아가기

WHY NOT?

1판 1쇄 인쇄 2014년 6월 30일
1판 1쇄 발행 2014년 7월 05일

저　　자 | 제시카 해기
역　　자 | 문세원
편　　집 | 엄진섭
디 자 인 | 윤재영, 이은송
경영지원 | 이수열, 이윤경
영　　업 | 윤진호
출　　력 | 달리는 거북이
인　　쇄 | 영창인쇄

발 행 인 | 손호성
펴 낸 곳 | 스펙트럼북스

일 원 화 | 북센

등　　록 | 제 312-2013-000016호
주　　소 | 서울시 마포구 동교동 169-17 402호
전　　화 | 070.7535.2958
팩　　스 | 0505.220.2958
e-mail | atmark@argo9.com
Home page | www.facebook.com/bombomschool

ISBN 979-11-85423-13-5 13320

※ 값은 책표지에 표시되어 있습니다.
※ 〈스펙트럼북스〉은 국내 친환경 인증 콩기름 잉크를 사용하여 인쇄합니다.